TRAINING LEKTÜRE, BAND 1

WORTSCHATZ
ÜBERSETZUNG
TEXTERSCHLIESSUNG

ARBEITSHEFT ZUM
BUCHNERS LESEBUCH A1

LÖSUNGEN

C.C.BUCHNER

1. Teil: Wortschatz und Textverstehen

Nepos – Autorenspezifische Wortschatzarbeit

A1.1

engl. to offer/ *lat.* offerre	entgegenbringen, anbieten
obstare	hinderlich sein, im Weg stehen, Widerstand leisten
ital. opposizione/ *engl.* opposition	Widerstand, Opposition
obviam	entgegen

A2.1

a(b)-	ab-, weg-
ad-	heran-, hinzu-
ante-	vor(an)-
circum-	(her)um-
com-	zusammen-
de-	herab-
dis-	auseinander-
e(x)-	(her)aus-
in-	(hin)ein-
per-	(hin)durch-
prae-	voran-
pro-	vor-
re-	zurück-
trans-	hinüber-

A2.2

aggredi	herangehen, sich wenden an, angreifen
ingredi	einher-, hineingehen, betreten
transgredi	hinübergehen, überschreiten
egredi	herausgehen, verlassen
progredi	hervor-, herauskommen, vorrücken
regredi	zurückgehen, -kehren

A2.3

engl. to remove	beseitigen, entfernen
engl. conflict/ *ital.* conflitto	Konflikt, Auseinandersetzung
franz. resistance	Widerstand
engl. to admit	zugeben, zulassen
engl. to eject	hinauswerfen, vertreiben, entlassen
engl. rejection	Zurückweisung, Ablehnung

B1.

prima luce	bei Tagesanbruch
hora tertia	zur dritten Stunde
hieme	im Winter
prima pueritia	in früher Kindheit
sole oriente	bei Sonnenaufgang
postero die	am nächsten Tag

Nepos, Hann. 12,1-13,1 (Lesebuch S. 17/18)

Z. 1-4

1. Nepos nutzt einen relativen Satzanschluss (quae) bzw. ein Demonstrativpronomen (id), um an das bereits Geschehene anzuknüpfen. Darüber hinaus ordnet er die Ereignisse zeitlich ein (quae dum geruntur/postero die), so dass die Vorstellung von einem zeitlichen Kontinuum und von einem folgerichtig und logisch ablaufenden Geschehen entsteht.

Z. 4-6

1. Nepos nimmt den Begriff senatus wieder auf, variiert ihn allerdings, indem er aus dem Objekt des alten Satzes das Subjekt des neuen werden lässt und indem er einen nahezu synonymen Ausdruck verwendet. Dabei wird aus dem abstrakten senatus der konkrete Begriff patres conscripti.
2. regnum (Königreich, -tum), regere (König sein, herrschen), regina (Königin), regius (königlich)
3. Der Text legt nahe, dass die Römer den Namen Hannibals nicht aussprechen, weil sie Hannibal allzu sehr verachten. Darüber hinaus wollen sie ein weiteres Mal unterstreichen, wie vergiftet das Verhältnis zwischen dem Erzfeind der Römer und Rom ist. Um dieses <u>sehr</u> schlechte Verhältnis zu beschreiben, wird hier auch der Superlativ des Adjektivs inimicus verwendet. Der Ausdruck gehört zur gleichen Wortfamilie wie amicus. Hannibal ist also im Grunde genommen ein in-amicus, also ein Nicht-Freund oder Anti-Freund.

Z. 6-8

1. Mit diesem Verb drückt der Autor aus, dass König Prusias Angst oder zumindest Scheu vor den Römern und deren Reaktionen hat.
2. mentionem facere – dicere – deferre – petere – negare – recusare – postulare
   Das gehäufte Vorkommen von Verben des Sagens drückt aus, dass zum dargestellten Zeitpunkt noch nicht im eigentlichen Sinn gehandelt, sondern vorerst nur verhandelt wird.

3. Bereits vorgekommen sind:
apud + Akk. – de + Abl. – in + Abl. – in + Akk. – a(b) + Abl. – adversus + Akk.
Weitere Präpositionen mit Ablativ:
cum: mit – e(x): aus – prae: vor – pro: für, vor – sine: ohne

Z. 8 / 9

1. Die Anfangsstellung zeigt, dass diese beiden Pronomina stark betont sind. Damit soll ausgedrückt werden, dass Prusias die Römer nachdrücklich darauf verweist, dass sie selbst handeln sollen. Er selbst zieht sich zurück, weil er, wie er bereits gesagt hat, das Gastrecht nicht verletzen will.

Z. 9 - 12

1. castellum – aedificium – domus
Weitere Ausdrücke: villa – insula – castra – aedes – tectum
2. Verens ist das Partizip Präsens des Verbs vereri, eines Deponens. Ein weiteres Deponens, das hier vorkommt, ist perfungi (Z. 21). Beachte außerdem das Semideponens audere (Z. 6).
3. Es drückt aus, dass Hannibal sich um seine Sicherheit sorgt, andererseits aber doch clever genug ist, für eventuelle Übergriffe seiner Feinde Vorsorge zu treffen. Dadurch, dass das, was Hannibal befürchtete, auch wirklich eintritt, zeigt sich die Berechtigung seiner Maßnahmen.
4. a) Der Feldherr fürchtete sich vor einer Falle der Feinde. b) Er scheute sich, die Feinde zu verfolgen. c) Er fürchtete, dass die Feinde das Lager angreifen würden.

Z. 12 - 14

1. Huc nimmt die Substantive castellum und aedificium wieder auf, bezieht sich also auf den Aufenthaltsort Hannibals. Ein anderes Adverb, das eine Bewegung auf ein Ziel hin beschreibt, ist illuc; Adverbien, die eine Bewegung von einem Ort weg bezeichnen, sind hinc und illinc; eine Ortsangabe erfolgt mit hic und illic.
2. Die Verben venire, circumdare, prospicere, armare und apparere legen nahe, dass in diesem Satz lebhaft und entschieden gehandelt wird. Die Zeit des Redens scheint nun vorbei zu sein.
3. plures praeter und armatos apparere stellen Alliterationen dar. Dieses Stilmittel weist darauf hin, dass hier mit dem Erscheinen vieler bewaffneter Männer etwas Wichtiges geschieht.

Z. 14 - 18

1. foris / fores – ianua – exitus
Ein weiterer Begriff ist porta.
2. propere – celeriter
Cito ist ein synonymer Begriff.

Z. 18 - 20

1. Dieses Stilmittel lenkt die Aufmerksamkeit des Lesers auf den Ausdruck alieno arbitrio, der die Entschlossenheit Hannibals unterstreicht, die Gewalt über sein Leben nicht in fremde Hände zu legen. Nicht durch fremden Willen will er sterben, sondern selbst eine freie Entscheidung über sein Leben bzw. Sterben treffen – mit der gleichen Unabhängigkeit, die er ein Leben lang gewohnt war.

Z. 21 / 22

1. Der Superlativ fortissimus zeigt, dass Hannibal nicht auf gewöhnliche Weise tapfer war, sondern die höchste Stufe dieser Tugend erklommen hatte. In dieser Beschreibung scheint auch etwas Bewunderung mitzuschwingen.
2. Acquiescere bedeutet „zur Ruhe kommen, ausruhen, rasten, entschlafen". Daran erkennt man, dass hier ein euphemistischer Ausdruck verwendet wird. Denn der schreckliche Tod durch Selbstmord kann mit dem beschönigenden Wort acquiescere nicht adäquat umschrieben werden.
Darüber hinaus ruft dieses Verbum noch einmal das unruhige, rastlose Leben in Erinnerung, das Hannibal einst geführt hatte.

Cäsar – Autorenspezifische Wortschatzarbeit

A1.

wo?	domi	ruri	hic	Romae	illic
woher?	domo	rure	hinc	Roma	illinc
wohin?	domum	rus	huc	Romam	illuc

B1.

Folgende Ausdrücke bedeuten „daher, deshalb, deswegen":
eo – ideo – itaque – ob eam causam – proinde – propterea – qua de causa – quapropter – quare
Die restlichen Begriffe und ihre Bedeutungen lauten:

1. adeo — so sehr
2. igitur — also, folglich
3. item — ebenso, gleichfalls
4. nequiquam — erfolglos, vergeblich

5. praeterea — außerdem
6. quamquam — obwohl
7. quondam — einst
8. ultro — freiwillig, noch dazu, sogar

C1.

Unter einer Wortfamilie versteht man Wörter (auch unterschiedlicher Wortarten), die auf den gleichen Stamm zurückgehen.

C2.

a) Grenznachbar
b) Ende, Grenze, Ziel, Zweck; Pl.: Gebiet
c) beenden, begrenzen
d) unendlich, unbestimmt, allgemein
e) benachbart, verschwägert
f) abgrenzen, (näher) bestimmen

C3.

U.a. können folgende Beispiele angeführt werden:

dt.: Finale, Infinitiv, Finalsatz
engl.: to finish, final
franz.: finir (beenden), finaliser (zum Abschluss bringen), fin (Ende)
ital.: il finale (Schluss), finalmente (endlich), fine (Ende, Schluss), finito (abgeschlossen, beendet)

C4.

Beide Begriffe gehören zur Wortfamilie des Verbs facere.

Caesar, Gall. 1,12 (Lesebuch S. 36)

Z. 1-4

1. Es wird hier von einer friedvollen Flusslandschaft die Rede sein. Davon zeugen das Verbum (in)fluere und das Substantiv lenitas, das nahelegt, dass es sich bei dem Fluss Arar nicht um ein reißendes, sondern um ein gemächlich dahinfließendes Gewässer handelt.
2. Das Demonstrativpronomen id schlägt eine Brücke vom ersten zum zweiten Satz, indem es das Wort flumen wiederaufnimmt. Inhaltlich passen natürlich auch die „Wasserfahrzeuge“ linter und ratis zum Sachfeld „Schifffahrt, Fluss“.
3. classis (Flotte, Abteilung), lacus (See, Teich), mare (Meer), navis (Schiff), ora (Küste)

Z. 4-8

1. Übergangslos wird der neue Satz begonnen und somit eine Zäsur gesetzt, die man nicht übersehen kann. Das Vokabular, das hier verwendet wird, hat gar nichts mehr mit der Naturbeschreibung des vorhergehenden Textes zu tun. Vielmehr weist eine Vielzahl von Wörtern, die mit dem Krieg assoziiert werden, darauf hin, dass nun ein anderes Thema in den Blickpunkt rückt.
2. Die Alliteration Caesar certior factus est unterstreicht diesen Eigennamen und hebt ihn aus dem laufenden Text hervor.
3. Caesari nuntiatum est
   Bei der Verwendung dieses Ausdrucks wäre nicht nur die Alliteration unmöglich gewesen, sondern der Autor hätte auch den Eigennamen Caesar nicht im Nominativ gebrauchen können. Im vorliegenden Text ist Caesar als Subjekt des Satzes, auch wenn er in eine passivische Konstruktion eingebunden ist, sozusagen der Handelnde. In anderen Konstruktionen wäre er zum Objekt des Handelns eines anderen degradiert worden. Das ist für die Interpretation der Rolle, die Cäsar spielt, natürlich von großer Wichtigkeit.
4. Die Übersetzung des lateinischen Satzes lautet: Xerxes ist von Themistokles mit Hilfe eines Sklaven benachrichtigt worden.
   Für unseren Zusammenhang bedeutet dies, dass die Kundschafter nur Mittelspersonen, also Instrumente sind, die Cäsar zuarbeiten, ohne selbst von Bedeutung zu sein.
5. Tres gehört zu den Grund- oder Kardinalzahlen, quartam zu den Ordnungs- oder Ordinalzahlen.

	Kardinalzahl	Ordinalzahl
1	unus, a, um	primus, a, um
2	duo, ae, o	secundus
3	tres, tria	tertius
4	quattuor	quartus
5	quinque	quintus
6	sex	sextus
7	septem	septimus
8	octo	octavus
9	novem	nonus
10	decem	decimus

6. castra (Lager), copiae (Truppen), explorator (Kundschafter), legio (Legion), vigilia (Nachtwache)
7. Bei diesen Verben handelt es sich um Verben der Bewegung. Dadurch, dass sie so geballt gebraucht werden, wird ausgedrückt, dass hier viele Menschen in Bewegung sind, sich große Truppen bewegen.
8. Eine wörtliche Übersetzung lautet: während der dritten Nachtwache.
   Man teilte die Nacht in vier Abschnitte (vigiliae) ein, von denen zwei auf die Zeit vor Mitternacht und zwei auf die Zeit nach Mitternacht entfielen. Je nach Dauer der Nacht war eine vigilia unterschiedlich lang. Wenn man nun davon ausgeht,

dass eine Nacht zwölf Stunden hatte, dauerte die **prima vigilia** von 18 bis 21 Uhr, die **secunda vigilia** von 21 bis 24 Uhr, die **tertia vigilia** von 0 bis 3 Uhr und die **quarta vigilia** von 3 bis 6 Uhr.
Heute würde man also sagen, dass Cäsars Aufbruch zwischen Mitternacht und drei Uhr morgens erfolgte.

Z. 8-10

1. Das Pronomen **eos** bezieht sich auf den Teil des helvetischen Zugs, der den Arar noch nicht überquert hatte.
2. Cäsar beschreibt die Personen als **impediti** und **inopinantes**. Zunächst fällt auf, dass hier eine Alliteration vorliegt, die das Augenmerk des Lesers auf diese Charakteristik lenken soll. Darüber hinaus haben beide Begriffe das Präfix **in-**. Diese negative Vorsilbe weist auf die missliche Lage der Gegner Cäsars hin: Einerseits sind sie behindert – vermutlich durch das Gepäck, das sie mit sich führen –, andererseits sind sie völlig ahnungslos.
3. Hier fallen die Begriffe **aggredi** (angreifen), **concidere** (vernichten), **se fugae mandare** (fliehen), **se abdere** (sich verbergen) ins Auge. All das zeigt, dass hier Menschen zu Tode kommen bzw. um ihr Leben rennen.
4. **Reliqui** sind „die Übrigen"; genauer gesagt: Es sind die, die bei dem Gemetzel, das Cäsar angerichtet hat, übrig geblieben sind. Dieser Begriff greift somit indirekt auf den Ausdruck **magna pars** zurück.
5. Der Kasusgebrauch ist hier anders als im Deutschen. Während man hier fragt: Wo haben sie sich verborgen?, fragt der Römer: Wohin haben sie sich verborgen? und gebraucht hier statt des zu erwartenden Ablativs den Akkusativ.
6. in der Stadt zusammenkommen, auf dem Marktplatz zusammenlaufen, in der Erde verstecken
7.

prope (nahe bei)	propior (der nähere)	proximus (der nächste)
supra (oberhalb)	superior (der obere)	supremus (der oberste)
post (nach)	posterior (der spätere)	postremus (der letzte)

Z. 10/11

1. Dem Leser fällt auf, dass der Name **Tigurinus** ans Satzende gestellt ist. Er wird damit besonders hervorgehoben und ins Bewusstsein des Lesers gehoben.
2. Die helvetische Gesellschaft ist aufgeteilt in verschiedene **civitates**, welche dann selbst wieder in **partes** bzw. **pagi** zerfallen.

Z. 12-14

1. Cäsar benutzt hier das Plusquamperfekt. Dies macht deutlich, dass nun Ereignisse zur Sprache kommen, die sich vor den bisher beschriebenen abgespielt haben.
2. Der Ausdruck **patrum nostrorum memoria** – ein Ablativus temporis – zeigt, dass sich das hier Beschriebene in grauer Vorzeit abgespielt hat. Damit wird auch der Gebrauch des Plusquamperfekts verständlich.
   im Winter, zur sechsten Stunde, im Sommer
3.

interimere	jemanden, der lästig ist, unauffällig beseitigen
caedere	jemanden im Kampf mit einem Schlag töten
necare	jemanden ermorden
trucidare	jemanden auf unmenschliche Weise abschlachten

4. **Sub iugum mittere** bedeutet „unters Joch schicken". Das Joch wurde dabei von drei Lanzen gebildet, unter denen der besiegte Feind durchgehen musste. Dieser Ausdruck wird gebraucht, um eine demütigende Erfahrung zu beschreiben. Weil diese Demütigung hier den Römern selbst und nicht ihren Gegnern widerfahren ist, hat sie sich ganz tief ins kollektive Bewusstsein der Römer eingegraben. Deshalb ist es eine kleine Beruhigung, wenn man sich von dieser Erfahrung wenigstens durch den Gebrauch des Plusquamperfekts ein wenig distanzieren kann.

Z. 14-16

1. Mit **ita** greift Cäsar das wieder auf, was in den vorhergehenden Sätzen gesagt wurde, nämlich, dass er die Tiguriner, die einst den Römern übel mitgespielt hatten, teils getötet und teils unterworfen hat. Das Wort **ita** schlägt die Brücke zwischen den bereits dargestellten Fakten und ihrer Interpretation, die Cäsar nun nachliefert. Andere Begriffe mit ähnlicher Bedeutung sind **sic**, **eo modo**, **hac ratione**.
2. Zunächst ist hier die verdoppelte Konjunktion **sive** zu nennen, die sowohl eine Wiederholung darstellt als auch eine parallele Konstruktion ermöglicht. Darüber hinaus alliterieren die Substantive **casu** und **consilio**, stellen jedoch auch antithetische Begriffe im gleichen Kasus dar. Erweitert wird der Begriff **consilio** durch das Genitivattribut **deorum immortalium**, das dem Leser deutlich zeigen soll, dass hier die Hand der Götter die Rache für eine alte Schmach ermöglichte.
3. Auch am Satzende findet sich eine – diesmal dreigliedrige – Alliteration: **princeps poenas persolvit**. Dadurch, dass dieser Satz von derart

prominenten und ins Auge fallenden Stilmitteln eingerahmt wird, erhält er besondere Betonung. Er scheint Cäsar also sehr wichtig zu sein. In besonderer Weise betont werden dabei zwei Tatsachen: erstens, dass die Vergeltung entweder durch Zufall oder – was Cäsar zufolge natürlich viel wahrscheinlicher ist – durch den Plan der Götter möglich wird, und zweitens, dass als erster Helvetiergau genau der gebüßt hat, der den Römern eine nie vergessene Schmach zugefügt hat.

Z. 16-18

1. Cäsar sagt von sich selbst: ultus est. Er benutzt also das lateinische Verb ulcisci, um in aller Deutlichkeit zu sagen, dass er Rache genommen hat.
2. Zunächst benutzt Cäsar korrespondierende Begriffe, wenn er sagt: non solum – sed etiam. Dann verdeutlicht er das Substantiv iniurias durch zwei alliterierende, antithetische Adjektive: publicas und privatas. Mit Hilfe dieses Stilmittels spinnt Cäsar seinen Gedankenfaden weiter, denn bisher hat er nur über iniuriae publicae geredet, also das Unrecht, das Rom zuteilwurde, während er nun noch darauf hinweist, welche iniuriae privatae seine eigene Familie erleiden musste.

3.

männlich	weiblich
filius – Sohn	filia – Tochter
pater – Vater	mater – Mutter
frater – Bruder	soror – Schwester
maritus – Ehemann	uxor – Ehefrau

4.

Präposition	Zeile	Kasus, mit dem die Präposition steht	Präposition	Zeile	Kasus, mit dem die Präposition steht
per	1, 4	Akkusativ	e	7	Ablativ
in	1,2,9,11	Akkusativ	ad	7	Akkusativ
citra	6	Akkusativ	sub	13	Akkusativ
de	6	Ablativ	in	16	Ablativ
cum	6	Ablativ			

Catull, Ovid, Martial – Autorenspezifische Wortschatzarbeit

A1.

	Übersetzung		Übersetzung
licet	es ist erlaubt, möglich	constat	es ist bekannt, steht fest
libet	es gefällt	apparet	es ist offenkundig
oportet	es gehört sich, ist nötig	placet	(+ Dat.) es gefällt jemandem, jemand beschließt
pudet	es beschämt		

B1.1

dies ater	schwarzer Tag, Unglückstag
nubes nigrae	dunkle Wolken
candida hora	eine glückliche Stunde
equus candidus	Schimmel

B2.1

argenteus	silberfarbig
aureus	goldfarbig, -schimmernd
purpureus	dunkelrot

(rosa purpurea: eine dunkelrote Rose – sidus aureum: ein golden schimmernder Stern – unda argentea: eine silberfarbige Welle)

C1.

Folgende Wörter kommen z. B. in Frage:

cui	wem
cur	warum
qualis, e	wie beschaffen, was für ein
quando	wann
quantus, a, um	wie groß, wie viel
quare	weshalb
quemadmodum	wie
qui	wie, warum
qui, quae, quod	welcher
quid	was
quis	wer
quo	wodurch, um wie viel
quomodo	wie
quot	wie viele
quotiens	wie oft
ubi	wo
uter, utra, utrum	wer (von beiden)

Ovid, Ars 1,79ff. (Lesebuch S. 92)

V. 1 / 2

1. Ovid empfiehlt zunächst Marktplätze (fora, V. 1), danach Theater (theatris, V. 3) und zum Schluss den Circus Maximus (Circus, V. 9).
2. a) Ich treffe/besuche meinen Sohn. b) Alle kommen in der Stadt zusammen. c) Das Zeichen passt zu dieser Sache. d) Wir einigen uns über den Krieg. e) Wir einigen uns auf Frieden. f) Sie kamen beim Lehrer zusammen.
3. Marktplätze passen zur Liebe. / Marktplätze sind für die Liebe geeignet. / Marktplätze kommen der Liebe entgegen.
4. Flamma bedeutet „Geliebte, Freundin". Wörter mit ähnlicher Bedeutung sind domina (V. 10) und puella (V. 13 und 18).

V. 3 - 7

1. Es handelt sich um den Imperativ I des Verbs venari (jagen). Die Übersetzung lautet: jage!
2. Das Mädchen wird durch diesen Ausdruck zur „Beute“, die zur Strecke gebracht werden muss, denn der Mann wird als Jäger dargestellt.
3. quod ames, quod ludere possis, quod semel tangas, quod tenere velis
   (etwas, das du liebst; etwas, mit dem du spielen kannst; etwas, das du einmal berührst; etwas, das du festhalten willst)
4. Einerseits gebraucht Ovid Verben, mit denen man die wahre Liebe umschreiben würde (amare, tenere velle), andererseits verwendet er Verben, die das genaue Gegenteil ausdrücken und eine nur oberflächliche Liebelei beschreiben (ludere, semel tangere).
   Das bedeutet, dass man auf dem Forum Bekanntschaften jeder Art machen kann: solche mit Mädchen, mit denen man es ernst meint, und solche mit Mädchen, mit denen man auf einen kurzen Flirt aus ist.

V. 8 / 9

1. Dieses Verb hat im Lateinischen ein Akkusativobjekt bei sich: fugit me (es entgeht mir).
2. iuvat me (es gefällt mir)
3. certare (kämpfen, wetteifern) bzw. decertare (bis zur Entscheidung kämpfen)
   certamen: Wettstreit, Kampf um die Wette (auch mit Worten / in einer Kunst etc.)
   proelium: Zusammenstoß von Bewaffneten zum Kampf
   certamen equorum: Pferdewettrennen
4. Capere bedeutet „fassen, (ein)nehmen, fangen“. Wenn etwas viel fassen kann, ist es aufnahmefähig, geräumig (capax).

V. 10 - 17

1. latus (V. 11): Körperseite; gremium (V. 18): Schoß; digitus (V. 19): Finger; tergum (V. 23): Rücken; genu (V. 23): Knie
   In den Versen 10 bis 23 geht es um die erste körperliche Kontaktaufnahme; deshalb ist es nicht verwunderlich, wenn auch in konkreter Weise Körperteile angesprochen werden.
2. Einerseits wird das Verbum cogere gebraucht, das „zwingen“ bedeutet (V. 12), andererseits wird in Vers 13 ein Gerundiv benutzt. All das sagt aus, dass man an einem solchen Ort gar nicht anders kann, als zusammenzurücken und sich zu berühren: Der Circus mit seinem Gedränge führt zwangsläufig (lex loci!) dazu, dass man sich näherkommt.
3. sermo – verbum – sonus – requirere
   Der verstärkte Gebrauch von Wörtern dieses Sachfeldes zeigt, dass beim Kennenlernen auch das Reden wichtig ist: Es ist eine weitere Strategie beim Erheischen von Aufmerksamkeit und beim Knüpfen zarter Bande.
4. quaerere – requirere
5. Favere (jdn. begünstigen, jdm. gewogen sein) steht im Lateinischen mit Dativ. Nubere, parcere und studere haben ebenfalls den Dativ bei sich.

V. 18 - 21

1. pulvis: Staub
   Staub hat ja schon extrem wenig Volumen und Gewicht. Man kann diesen Ausdruck jedoch sogar noch „steigern“ und damit ad absurdum führen, wenn man davon spricht, dass man „keinen Staub“, also „noch weniger als Staub“ oder „nicht einmal mehr Staub“ abschüttelt.
2. Das Paradoxon findet sich in Vers 20 bei der Aufforderung, den nicht vorhandenen Staub (trotzdem) abzuschütteln. Es macht den Leser aufmerksam auf das geschäftige Wegwischen einer Sache, die gar nicht existiert. Diese Pseudo-Handlung ist ein Trick, der allein dazu dient, dass man der Angebeteten näherkommt.

V. 22 / 23

1. Re-spicere bedeutet „zurück-schauen“, denn der junge Mann soll nun seinen Hintermann beobachten.
2. Mollia terga bezieht sich auf die Angebetete, denn mollis bedeutet „zart“ und wird normalerweise nicht in Bezug auf Männer gebraucht, da auch die Bedeutung „unmännlich, verweichlicht“ mitschwingt.

Rom und Europa – Autorenspezifische Wortschatzarbeit

A1.

to adore	adorare
debt	debitum
angel	angelus
invasion	vadere
to crucify	crucifigere
insane	insania

B1.

a) ire	gehen (allgemein)
b) vadere	wandern, wandeln
c) ambulare	spazieren
d) proficisci	abreisen, aufbrechen

B2.
Mögliche Nennungen: gradi, cedere, pergere

C1.

condiscipulus	Mitschüler, Schulfreund
conscientia	Mitwissen, Bewusstsein, Gewissen
consanguineus	Blutsverwandter, Bruder
consonans	Mitlaut

D1.

miscere	mischen, verwirren
misereri	sich erbarmen, Mitleid haben
cella	Kammer
stella	Stern
valere	stark sein, gesund sein, gelten, vermögen
vadere	gehen
nusquam	nirgend, nie
usque	bis zu

Ulpian, Dig. 1,1pr.-4; 10 (Lesebuch S. 122/123)
Z. 1-3
1. es gehört sich, es ist nötig
   a) opus / necesse est
   b) licet
   c) interest
2. ius – iustitia
   Ja, die beiden Wörter gehören nämlich zur gleichen Wortfamilie – ebenso wie z. B. iustus, iurare und coniuratus.
3. finis (Ende, Grenze)
   Das lateinische definire bzw. das deutsche Wort „definieren" bedeutet: (einen Begriff gegen einen anderen) abgrenzen, (einen Begriff im Gegensatz zu einem anderen) bestimmen.

Z. 3-8
1. a) die Äcker bebauen
   b) die guten Sitten pflegen
   c) die Götter verehren
2. Colere bedeutet hier „verehren". Somit wird die iustitia gleichsam in den Rang einer Gottheit erhoben.
3. separantes, discernentes, cupientes, affectantes
   Die vier Partizipien bilden zwei Bedeutungspaare: Die ersten beiden bedeuten „trennen, unterscheiden", die beiden anderen bedeuten „erstreben, wollen".
4.

aequum – iniquum	das Gerechte – das Ungerechte
licitum – illicitum	das Erlaubte – das Unerlaubte
vera – simulata (philosophia)	die wahre – die scheinbare Philosophie

5. metu poenarum – exhortatione praemiorum
   durch die Angst vor Strafen – durch die Ermunterung von Belohnungen

Z. 9-14
1. Es wird hier von zwei Teilbereichen des Rechts die Rede sein: dem öffentlichen und dem privaten (publicum et privatum). Diese beiden – wieder antithetischen – Begriffe zeigen, was im Folgenden behandelt werden soll.
2. Er beschreibt
   - das öffentliche Recht mit dem Begriff
     quod ad statum rei Romanae spectat
   - und das private Recht mit dem Begriff
     quod ad singulorum utilitatem (spectat).

   Diese beiden Ausdrücke enthalten parallele Elemente (z. B. das zweimalige quod ad und den zweimaligen Akkusativ mit Genitivobjekt), aber auch antithetische Begriffe (res Romana – singuli) und ein chiastisches Element (Akkusativ + Genitiv – Genitiv + Akkusativ).
   Die große Zahl von Stilmitteln zeigt, dass diese Definition wichtig ist, denn die Aufmerksamkeit des Lesers wird darauf gelenkt.
3. Der Autor verwendet nach dem Adjektiv publica bewusst nicht das naheliegende Adjektiv privata, sondern das Adverb privatim. Erneut erregt er damit die Aufmerksamkeit des Lesers, denn durch diesen Kunstgriff, durch das Verwenden des unerwarteten Ausdrucks, wird Eintönigkeit vermieden.
4. Nun gibt der Autor die verschiedenen Teilbereiche oder -aspekte bekannt, in die die jeweiligen Rechtsgebiete zerfallen.
5. Ulpian nennt drei Teilaspekte (in sacris, in sacerdotibus, in magistratibus). Zunächst zeigt die parallele Konstruktion mit den gleichen Kasus sehr deutlich, dass die drei Begriffe zusammengehören. Darüber hinaus wird dreimal die Präposition in wiederholt. Und außerdem verbindet die ersten beiden Begriffe eine Alliteration, während die beiden letzteren Begriffe durch ein Homoioteleuton verknüpft werden.
6. ter bzw. tres und partior bzw. pars
7. Das doppelte aut verbindet die drei Begriffe ex naturalibus praeceptis aut (ex) gentium (praeceptis) aut (ex) civilibus (praeceptis).

Z. 15-21
1. Animal gehört zur gleichen Familie wie animus (Geist, Sinn) und anima (Lufthauch, Atem, Seele). Unter einem animal versteht man daher jede Art von lebendem Wesen.

2. commune
   Das Adjektiv proprium hat den Genitiv bei sich, commune steht mit Dativ oder Genitiv.
3. Sie werden durch die Konjunktion (non) ... sed miteinander verbunden.
4. animalia, quae in terra (nascuntur) – animalia, quae in mari nascuntur – aves
   Im Bemühen um variatio benutzt Ulpian nur zwei Mal parallele Bezeichnungen und Konstruktionen. Die dritte Bezeichnung ist absichtlich anders gewählt.
5. mas – femina
   Lebewesen männlichen bzw. weiblichen Geschlechts
6. coniunctio – procreatio – educatio
   Sie bilden ein Homoioteleuton, stehen alle im gleichen Kasus und umreißen das Entstehen / Aufwachsen der Nachkommenschaft.
7. Ein animal ist ein Lebewesen jeder Art, fera dagegen bezeichnet ein wildes Tier oder Wild. Das bedeutet, dass animal der Überbegriff ist, fera jedoch eine Unterart.

Z. 21 - 23

1. omnia animalia – soli homines
   Das ius naturale bezieht sich somit auf alle Lebewesen, das ius gentium nur auf die Menschen.
2. Er gebraucht zur Unterscheidung die beiden Demonstrativpronomina illud und hoc.

Z. 24 - 27

1. Der Abschnitt handelt von der Gerechtigkeit (iustitia).
   iustitia – ius – iuris – iusti – iniusti
2. divinus – humanus
   iustus – iniustus
3. Diese Ausdrücke bilden eine Anapher, wobei nicht vergessen werden darf, dass schon der vorhergehende Satz mit einem Wort aus derselben Wortfamilie begonnen hat. Überdies schließen sich an diese Genitivformen die Subjekte der jeweiligen Sätze an, darauf folgen als Prädikate zwei Formen von esse. Somit tritt zum Stilmittel der Anapher noch ein Parallelismus hinzu.

2. Teil: Grammatik und Übersetzung

GR 1 – Satzanalysen

a) Text S. 26, Z. 9-12

HS Hic autem velut hereditate relictum odium paternum erga Romanos sic conservavit,
NS1 ut prius animam quam id deposuerit,
NS2 qui quidem,
NS3 cum patria pulsus esset et alienarum opum indigeret,
NS2 numquam destiterit animo bellare cum Romanis.

b) (vgl. **T3**, S. 11, Z. 8-13)

NS1 Ad Alpes postquam Hannibal venit,
NS2 quae Italiam ab Gallia seiungunt
NS2 quasque nemo umquam cum exercitu ante eum praeter Herculem transierat,
HS Alpicos conantes prohibere transitu (PC) occidit
HS loca patefecit,
HS itinera munivit,
HS effecit,
NS1 ut ea (via) elephantus ornatus ire posset,
NS2 qua antea unus homo inermis vix repere posset.

GR 2 – Die Wörtchen ut und cum

1. Textbezug:
   Z. 2 ut – dass, Z. 5 cum – mit, Z. 7 ut – wie, Z. 10 ut – dass, Z. 11 cum – als

2. Übersetze: **RÖMISCHER ANGRIFF AUF EIN GALLISCHES OPPIDUM**
   a) Als die Unsrigen die Festung der Gallier zum ersten Mal angriffen, wurden sie von den aus der Festung herausstürmenden Feinden zurückgeschlagen.
   b) Sobald aber die herbeigeholten Hilfstruppen unsere Soldaten unterstützten, blieben die Gallier in der Stadt und leisteten Widerstand, indem sie Felsbrocken herabschleuderten.
   c) Da die Römer und ihre Verbündeten mit sehr großem Einsatz kämpften, wurde die Festung am dritten Tag erobert.
   d) Obwohl der Feldherr Untaten (besser: Ungesetzlichkeiten) untersagt hatte, zerstörten die siegreichen Soldaten raubend und plündernd alles und setzten alles in Brand, so dass die Festung durch die Flammen völlig vernichtet wurde.
   e) Die meisten Männer der Feinde wurden getötet, während die Frauen und Kinder die die Sklaverei weggeführt wurden.

GR 3 – Konjunktivische Relativsätze

1. Textbezug
   Konjunktivischer Relativsatz in Z. 12 mit kausalem Nebensinn. – Übersetzung: ... dass er lieber das Leben als diesen (Hass) verlor, da er ja, (auch) als er aus der Heimat vertrieben worden war und fremde Hilfe benötigte, niemals in seinem Inneren aufgehört hat, mit den Römern Krieg zu führen.
2. Übersetze: **CATO DER ÄLTERE**
   a) Cato, der sich immer mit höchstem Einsatz um die Politik (den Staat) kümmerte (normaler Relativsatz mit Indikativ), kämpfte auch in mehreren Schlachten tapfer gegen die Punier.
   b) Immer wenn er im Senat eine Rede beendete, pflegte er zu sagen (dicebat als Iterativ), römische Soldaten müssten nach Afrika geschickt werden, damit sie Karthago zerstörten (finaler Nebensinn).
   c) Obwohl dieser Mann die Griechen nicht schätzte (konzessiver Nebensinn), lernte er dennoch als alter Mann (in hohem Alter) (noch) deren Sprache.
   d) Auf diese Weise konnte er, weil er seinen eigenen Sohn von der Literatur der Griechen fernhalten wollte (kausaler Nebensinn), selbst die Bücher der Griechen lesen und übersetzte Teile von ihnen in die lateinische Sprache; diese lateinisch geschriebenen Bücher gab er dann seinem Sohn zu lesen.
   e) Es gibt viele, die sagen (konsekutiver Nebensinn), dessen Schriften seien es wert, sehr gelobt zu werden.

GR 4 – Gerund(ium)

Übersetze:

a) Caesar nahm sich ein paar wenige Tage zum Überlegen.
b) Caesar wusste, dass Dumnorix, verleitet von der Begierde zu herrschen, (aus Herrschsucht) einen Umsturz plante.
c) Durch sehr energisches Angreifen versetzten unsere Soldaten die Feinde in heftigen Schrecken.

GR 5 – Grundiv(um)

Übersetze: **EIN GALLISCHER ADELIGER STACHELT ZUM KAMPF GEGEN DIE RÖMER AN**

a) Die Begierde nach Macht und Reichtum ist für die Römer immer ein Grund, Krieg zu führen. (Gerund im Genitiv)
b) Durch Wagen (Wagemut) und dadurch, dass sie Krieg auf Krieg aneinanderreihen, (zweimal Gerund im Ablativ) sind die Römer groß geworden.

c) Deshalb müssen wir (lat. Dativ des Urhebers) mit allen Kräften (mit höchstem Einsatz) darum kämpfen (prädikatives Gerundiv), dass wir die Römer aus Gallien vertreiben (die Römer aus Gallien zu vertreiben).
d) Wir (lat. Dativ des Urhebers) dürfen es nicht dulden (prädikatives Gerundiv), dass die Römer unsere Städte erobern und uns in die Sklaverei wegführen.
e) Gebt diesen da nicht die Möglichkeit, ihre Herrschaft auszudehnen (attributives Gerundiv im Genitiv)!
f) Wenn wir morgen ihr Lager angreifen (werden), werden wir diesen weder Zeit lassen, einen Plan zu fassen (attributives Gerundiv im Genitiv), noch Zeit, die Waffen zu ergreifen (Gerund im Genitiv mit Akkusativ-Objekt)!

GR 6 – Partizipialkonstruktionen
Übersetze: **DER AUSZUG DER HELVETIER UND DIE REAKTION CAESARS**
a) Sobald die Helvetier glaubten (arbitrati: Teil des Prädikats), zum Verlassen (attributives Gerundiv) der Heimat bereit zu sein, steckten (lat. historisches Präsens) sie alle ihre Städte, ihre Dörfer und ihre privaten Gebäude in Brand; das gesamte Getreide, außer der Menge, die (wörtlich: das, was) sie mit (sich) nehmen wollten (portaturi: Teil des Prädikats), verbrannten (lat. historisches Präsens) sie, damit sie – wenn die Hoffnung, nach Hause zurückzukehren, genommen war (sublata: PPP eines Abl. abs.) – bereiter (entschlossener) seien, alle Gefahren auf sich zu nehmen (attributives Gerundiv).
b) Nachdem all dies in die Tat umgesetzt war (perfectis: PPP eines Abl. abs.), brachen (profecti: Teil des Prädikats) sie ohne Wissen (nesciente: PPA eines Abl. abs.) Caesars in das Gebiet der Gallier auf.
c) Aber als die Helvetier – nachdem sie den gesamten Besitz der Verbündeten der Römer vernichtet hatten (consumptis: PPP eines Abl.abs., aktiv übersetzt) – sogar danach trachteten, in das Gebiet der Santonen zu gelangen, beschloss Caesar, nicht (länger) warten zu dürfen (verneintes prädikatives Gerundiv).

GR 7 – Das Relativpronomen und die Subjunktion „quod“
Textbezug:
Inzwischen forderte Caesar täglich von den Häduern Getreide, das (Relativpronomen) sie ja öffentlich (d. h. vertraglich) zu liefern versprochen hatten. Denn wegen der Kälte – da (Subjunktion) Gallien, wie oben erwähnt wurde, im Norden liegt – war nicht nur das Getreide auf den Feldern (noch) unreif, sondern nicht einmal von Tierfutter stand eine große Menge zur Verfügung; das Getreide aber, das (R) er mit Schiffen auf dem (Fluss) Arar hatte hinaufbringen lassen, konnte er deswegen nicht nutzen, weil (S) die Helvetier, zu denen (R im Ablativ) er den Kontakt nicht abreißen lassen wollte, ihre Marschroute vom Arar abgewandt hatten. Einen Tag um den anderen hielten ihn die Häduer hin: Es werde zusammengetragen, es werde transportiert, es sei schon da, sagten sie. Sobald er erkannte, dass er (immer) länger hingehalten wurde und der Tag bevorstand, an dem (R im Ablativ) den Soldaten Getreide zugeteilt werden musste, rief er deren Stammesführer zusammen (Abl. abs.*) – von diesen (R) hatte er eine große Zahl (bei sich) im Lager, unter diesen Diviciacus und Liscus, der (R) ihr höchstes politisches Gremium leitete, den (R) die Häduer Vergobret nennen, der (R) für ein Jahr gewählt wird und der (R) bei diesen Gewalt über Leben und Tod hat – und beschuldigte sie nunmehr heftig, dass (S) er, da (Getreide) weder gekauft noch von den Feldern geholt werden könne, in so bedrängter Lage und angesichts so naher Feinde von diesen nicht unterstützt werde, zumal er, großenteils durch ihre Bitten veranlasst, den Krieg begonnen habe; noch weitaus heftiger beklagte er sich darüber, dass (S) er im Stich gelassen worden sei.

* Zur Übersetzung des Abl. abs. convocatis eorum principibus:
a) (und) nachdem deren Stammesführer zusammengerufen worden waren (Subjunktionalsatz)
b) (beschuldigte er) nach dem Zusammenrufen ihrer Stammesführer (diese ...) (nominale Wendung)
c) (da) wurden ihre Stammesführer zusammengerufen und daraufhin (beschuldigte er ...) (Beiordnung; vgl. GR 8)
d) ... rief er deren Stammesführer zusammen und (beschuldigte sie) nunmehr ... (Beiordnung mit aktiver Übersetzung; Erklärung: Ein Abl. abs. mit einem Partizip Perfekt PASSIV kann mit einem aktiven Handlungsträger [→ Subjekt] übersetzt werden, wenn aus dem Kontext eindeutig hervorgeht, wer hinter der Handlung steht, die durch das Partizip Perfekt Passiv zum Ausdruck gebracht wird; das Nomen im Ablativ wird dann zum Objekt, das Partizip wird aktivisch übersetzt.)

GR 8 – Methoden der Satzanalyse
Textbezug: Satz 16,3 aus **T6**
a) Einrückmethode

HS Eo autem frumento,
NS1 quod flumine Arari navibus subvexerat,
HS propterea uti minus poterat,
NS1 quod iter ab Arari Helvetii averterant,
NS2 a quibus discedere nolebat.

b) Kästchen-Methode

Eo ... frumento | quod ... subvexerat, | ... uti minus poterat, | quod ... Helvetii averterant, | a quibus ... nolebat.

c) Stammbaum-Methode

Frumento
→ quod ... **subvexerat**
→ **uti** minus **poterat**
→ quod ... Helvetii **averterant**
→ a quibus **discedere nolebat**.

Übersetzung:

a) Wörtlich: siehe **GR 7**

b) Mit Beiordnungen:
Das Getreide aber, das er mit Schiffen auf dem (Fluss) Arar hatte hinaufbringen lassen, konnte er nicht nutzen; denn die Helvetier hatten ihre Marschroute vom Arar abgewandt, und den Kontakt zu diesen wollte er nicht abreißen lassen.

Aufgabe 2

a) Einrückmethode

HS Itaque Caesar,
NS1 priusquam quicquam conaretur,
HS Diviciacum ad se vocari (AcI) iubet
HS et cotidianis interpretibus dimissis (Abl. abs.)
HS per C. Valerium Troucillum, principem Galliae provinciae, familiarem suum,
NS1 cui summam omnium rerum fidem habebat,
HS cum eo colloquitur.

b) Kästchen-Methode

Itaque Caesar | priusquam ... conaretur, | Diviciacum ... vicari (AcI) iubet et interpr. dimissis (Abl.abs.) per Tro. | cui ... habebat, | coll.

c) Stammbaum-Methode

Caesar
→ priusquam quicquam **conaretur**
→ **iubet** → Diviciacum ad se **vocari** (AcI)
→ interpretibus **dimissis** (Abl. abs.)
→ per Troucillum
→ cui summam ... fidem **habebat**
→ cum eo **colloquitur**.

Übersetzung:

a) Wörtlich:
Deshalb befahl Caesar, bevor er irgendetwas unternahm, dass Diviciacus zu ihm gerufen werde, und nachdem die üblichen Dolmetscher weggeschickt worden waren, hielt er mit diesem mit Unterstützung des C. Valerius Troucillus, eines führenden Mannes der Provinz Gallien, dem er in allen Belangen höchstes Vertrauen schenkte, eine Unterredung.

b) Mit Beiordnungen:
Deshalb ließ Caesar, bevor er irgendetwas unternahm, Diviciacus zu sich rufen. Er schickte die üblichen Dolmetscher weg und hielt mit diesem

eine Unterredung ab. Dabei ließ er sich von C. Valerius Troucillus unterstützen; dieser war ein führender Mann der Provinz Gallien, dem Caesar in allen Belangen höchstes Vertrauen schenkte.

GR 9 – Indirekte Rede
Textbezug: Abschnitt 17, 1-6
Dann endlich legte Liscus, veranlasst durch die Rede Caesars, Folgendes dar, was er zuvor verschwiegen hatte:
Es gebe da einige, deren Ansehen beim einfachen Volk sehr hoch sei und die als Privatleute mehr Einfluss hätten als die Beamten selbst. Durch eine aufrührerische und schändliche Rede schreckten diese die Masse des Volkes davon ab, das Getreide zusammenzutragen, das sie (liefern) müssten, (mit der Begründung,) es sei besser, die Herrschaft von Galliern als von Römern zu ertragen, wenn sie schon selbst die Vorherrschaft über Gallien nicht behaupten könnten; sie dürften auch nicht daran zweifeln, dass die Römer, wenn sie die Helvetier besiegt hätten, zusammen mit dem übrigen Gallien (auch) den Häduern die Freiheit rauben würden.
Von denselben Leuten würden unsere Pläne und das, was im Lager geschehe, den Feinden gemeldet; diese könnten von ihm (Liscus) nicht in Schranken gehalten werden. Ja er erkenne sogar, von wie großer Gefahr die Tatsache (für ihn) sei, dass er gezwungen(ermaßen) diese wichtige Sache Caesar mitgeteilt habe; und deshalb habe er geschwiege, solange er gekonnt habe.

Aufgabe 2
Übersetze: **DIVICOS REDE VOR CAESAR**
a) Divico, der Anführer der Helvetier, verhandelte folgendermaßen mit Caesar:
b) Wenn das römische Volk Frieden mit den Helvetiern schließe, würden die Helvetier in das Gebiet ziehen und dort in Zukunft bleiben, wo Caesar wolle, dass sie sich aufhielten.
c) Wenn Caesar aber fortfahre, das Volk der Helvetier zu bekriegen, solle er sich sowohl an die alte / frühere Niederlage des römischen Volkes als auch an die altbekannte Tapferkeit der Helvetier erinnern!
d) Sie hätten von ihren Vorfahren gelernt, immer mit höchster Tapferkeit zu kämpfen.
e) Deshalb solle es Caesar nicht so weit kommen lassen, dass der Ort, an dem sie sich befänden, aufgrund einer Katastrophe für das römische Volk in die Geschichte eingehe!

GR 10 – Konjunktive im Hauptsatz
Textbezug:
a) Wir wollen, meine Lesbia, das Leben und die Liebe genießen,
und wir wollen das Gerede von allzu ernsten Alten insgesamt mit dem Wert von einem Cent einstufen!
(dreimal Hortativ)
b) Wenn sie ... schwiege (schweigen würde), wäre sie geheilt.
(Irrealis der Gegenwart)
c) Armer Catull, hör auf albern zu sein,
und was du zugrunde gegangen siehst, das schätze auch zugrunde gegangen ein!
(zweimal Jussiv, hier als Imperativ übersetzt)
d) Nicht ohne Ordnung soll deine Frisur sein!
... Was einer jeden steht (eigentl. Futur I),
das soll sie auswählen und (dabei) zuvor ihren Spiegel befragen!
Das Haar der einen möge auf beide Schultern herabwallen!
...
Das Haar der anderen möge zurückgebunden werden nach Art von Diana mit ihrem kurzen Kleid, wie jene es (zu tun) pflegt, wenn sie verschrecktes Wild jagt.
(Zeilen 1-3 eher Jussiv, Zeilen 4-6 eher Optativ)

GR 11 – Satzbau in lateinischen Verstexten
Aufgabe zu Martial 4,24
- Der **Zweizeiler** besteht aus zwei Sätzen, wobei der erste bis in die zweite Zeile reicht. Der erste Satz ist eine Aussagesatz (am Schluss ein Punkt), in den ein ganz kurzer Relativsatz eingeschoben ist. Der zweite ein Ausrufesatz (am Schluss ein Ausrufezeichen).
- **1. Satz:** Prädikat des Hauptsatzes ist extulit, Subjekt dazu ist Lycoris > Lycoris trug zu Grabe / hat zu Grabe getragen. Man kann weiterfragen: wen oder was? > Akk.-Objekt > amicas! Zu diesem Substantiv muss von der Form her das Adjektiv omnes gehören > alle Freundinnen. Vom Akk.-Objekt (Geschlecht feminin) hängt der Relativsatz ab, denn das Relativpronomen muss sich auf einen feminines Nomen beziehen > alle Freundinnen, die sie hatte. Eingeschoben ist noch ein Vokativ, der eine männliche Person anspricht. Damit ergibt sich > Alle Freundinnen, die sie hatte, Fabianus, hat Lycoris zu Grabe getragen.
- **2. Satz:** Prädikat ist fiat > er/sie/es möge/soll werden! Daneben steht die Nominativ-Form amica > die Freundin möge/soll werden. Übrig bleibt ein Dativ-Objekt uxori meae > meiner Ehefrau! Damit ergibt sich: Die Freundin möge/soll meiner Ehefrau werden! Das klingt vom Sinn her noch ungeschickt,

also überlegen, was verbessert werden könnte! > Man könnte als Subjekt „sie" einfügen und amica zum Prädikatsnomen machen und gleichzeitig das Dativ-Objekt mit „für" übersetzen (was sehr häufig sinnvoll ist) > Sie möge/soll die Freundin für meine Ehefrau werden!

- **Im Zusammenhang:** Alle Freundinnen, die sie hatte, Fabianus, hat Lycoris zu Grabe getragen. Möge sie (doch) die Freundin für meine Ehefrau (besser: meiner Ehefrau) werden!

3. Teil: Texterschließung und Interpretation

1. **Nepos, Hannibal 1,1** (= Lesebuch S. 7)

2. **Vorerschließung**

a) Sprechsituation
Der Biograph Nepos beginnt mit diesen Worten seine um ca. 30 v. Chr. veröffentlichte Biographie des Karthagers Hannibal, des genialen Feldherrn, der die Römer im zweiten Punischen Krieg an den Rand der Niederlage brachte. Schon die Kapitelüberschrift „Hannibal – Faszination und Trauma Roms" bringt das Dilemma zum Ausdruck, vor dem Nepos und seine Leser stehen: Hannibal, der größte und gefährlichste Gegner Roms, flößte auch fast 200 Jahre nach dem Beginn des Krieges noch immer Angst und Schrecken ein; auf der anderen Seite faszinierten seine Leistungen auch die ehemaligen Gegner. Widersprüchliche Signale sind in **T1** zu erwarten.

Roms gefährlichster Gegner

Hannibal, Hamilcaris filius, Carthaginiensis. Si verum est – quod nemo dubitat –, ut populus Romanus omnes gentes virtute superarit, non est infitiandum Hannibalem tanto praestitisse ceteros imperatores prudentia, quanto populus Romanus antecedat fortitudine cunctas nationes. Nam quotienscumque cum eo congressus est in Italia, semper discessit superior. Quod nisi domi civium suorum invidia debilitatus esset, Romanos – ut videtur – superare potuisset. Sed multorum obtrectatio devicit unius virtutem.
Hic autem velut hereditate relictum odium paternum erga Romanos sic conservavit, ut prius animam quam id deposuerit, qui quidem, cum patria pulsus esset et alienarum opum indigeret, numquam destiterit animo bellare cum Romanis.

b) Merkmale des Textes:
- Niveau I:
Es lassen sich folgende Begriffe nennen, die zum Sachfeld „Militär"/„Krieg" gehören: virtute superarit (Z. 2; allerdings nicht auf Hannibal, sondern auf populus Romanus bezogen), praestitisse (Z. 3), imperatores (Z. 3/4), antecedat fortitudine (Z. 4, allerdings wieder auf den populus Romanus bezogen), congressus est (Z. 5), discessit superior (Z. 6), superare potuisset (Z. 7), devicit (Z. 8), odium (Z. 9), bellare cum Romanis (Z. 12). Diese Bilanz ist ernüchternd, und sie zeigt, wie zurückhaltend und „gebremst" das Lob Hannibals ausfällt: Die beiden eindeutigsten Begriffe (virtute superarit bzw. antecedat fortitudine) beziehen sich nicht auf den Sieger Hannibal, sondern auf die

von ihm besiegten Römer, Hannibals militärische Leistungen werden durch „schwammige" Begriffe eher umschrieben als genannt: praestitisse („er hat übertroffen"), congressus est („er traf zusammen"), discessit superior („er ging als Sieger davon"), superare potuisset („er hätte siegen können"). Das einzige eindeutig militärische Wort (bellare cum Romanis, Z. 12) bekommt sogar den Zusatz animo bellare cum Romanis: „im Geiste führte er Krieg mit den Römern". Nepos setzt das Thema odium fort, das unmittelbar vorher erwähnt wurde.
Weitere Wort- und Sachfelder lassen sich kaum finden – der Text ist zu sprunghaft, gleichwohl tauchen markante Begriffe auf, die sicherlich als Schlüsselwörter gelten müssen: Verum bzw. nemo dubitat (Z. 1/2) – das Thema „(historische) Wahrheit" wird angesprochen; zweimal erwähnt Nepos den populus Romanus (Z. 2/4), wobei dem Einen (Hannibal) das gesamte römische Volk gegenübergestellt wird; die prudentia Hannibals wird erwähnt, vor allem „Wissen", „Klugheit", „Erfahrung", nicht so sehr „taktisches Geschick", „Erfindungsreichtum". Zweimal taucht die invidia suorum bzw. obtrectatio multorum auf (Z. 6, 8), der „Neid seiner Landsleute" bzw. die „Anfeindung vieler", abschließend steht das odium paternum erga Romanos (Z. 9), der „vom Vater übernommene Hass gegen die Römer", im Zentrum der Darstellung.
Dadurch hat Nepos ein recht unscharfes Bild von Hannibal gezeichnet, das seine militärischen Großtaten eher verschweigt als darstellt: Er ist ein guter Feldherr (aber an Tapferkeit herausragend ist das römische Volk), er hätte die Römer besiegen können (wenn ihm nicht seine Landsleute in den Rücken gefallen wären), seine besonderen Eigenschaften waren prudentia und unerbittlicher, lebenslanger Hass auf die Römer. Programmatisch endet das Kapitel mit der Aussage, dass Hannibal niemals aufgehört habe, im Geiste gegen Rom Krieg zu führen (numquam destiterit animo bellare cum Romanis).
Das einzige, was in dieses Bild nicht hineinpasst, ist die Aussage, dass Hannibal, wenn er mit dem römischen Volk aneinander geraten sei, immer als Sieger davon ging (Z. 6: semper discessit superior).

- Niveau II:
  Das Problem, das der Römer Nepos mit der Biographie Hannibals hat, liegt darin, dass er, wenn er Hannibal lobt und ihn als großen Feldherrn preist, damit gleichzeitig die von ihm besiegten Römer tadelt, kritisiert und abwertet. Nepos muss also das Kunststück vollbringen, Hannibal zu loben, ohne dass sein Lob hohl und geheuchelt klingt, ihn aber auch nicht so zu loben, dass er die römischen Leser vor den Kopf zu stößt, die Rom für die größte Kriegsnation halten. Dieses Problem sieht Nepos und erklärt daher schon am Anfang zweimal sehr deutlich, dass das römische alle anderen Völker an Tapferkeit übertreffe (Z. 2/3-4 sowie Z. 4/5-6). Hannibals Einzigartigkeit kann dann nur auf anderen Gebieten liegen, denn an Tapferkeit (virtute, fortitudine) sind die Römer unübertrefflich.
  Von Anfang an spürt der Leser, wie Nepos mit diesem Problem kämpft: Der Konnektor si leitet ein sehr gekünsteltes und verworrenes Lob Hannibals ein: Wenn es denn eine historische Tatsache ist, dass die Römer das tapferste aller Völker sind, dann ist es genau so unbestreitbar, dass Hannibal der klügste Feldherr war. Für wen ist das eigentlich ein Lob? Für Hannibal oder nicht doch primär für die Römer? Der gelobte Hannibal taucht nur als Akkusativ im AcI auf (Z. 3: non est infitiandum Hannibalem ... praestitisse), während die unterlegenen Römer, um die es hier eigentlich überhaupt nicht gehen dürfte, zweimal als echtes Subjekt erscheinen: populus Romanus omnes gentes virtute superarit / populus Romanus antecedat fortitudine cunctas nationes. Im gesamten Text – außer in Z. 1: Hannibal, Hamilcaris filius, Carthaginienis – wird Hannibal nicht einmal namentlich genannt, auch wenn er meist das grammatische Subjekt ist (in Z. 9 wird er mit hic erwähnt).
  Auch durch die Konnektoren schränkt Nepos sein Lob ein: Es gibt keine lobende bzw. positive Äußerung, die nicht durch einen nachfolgenden Konnektor sofort relativiert oder korrigiert wird: Z. 1: si (einschränkende Bedingung), Z. 3: non (Verneinung), Z. 6: nisi (einschränkende Bedingung), Z. 7/9: sed/autem (Antithesen). Die einzige Ausnahme ist das erläuternde oder begründende nam (Z. 5).
  Auch die Modi zeigen an, wie hypothetisch Hannibals Leistungen sind: Man kann nicht bestreiten, dass Hannibal der klügste aller Feldherren war: non est infitiandum Hannibalem tanto praestitisse ceteros imperatores prudentia (seine Leistung steht im AcI, nicht im Hauptsatz im Indikativ, zudem ist das Lob noch in eine Litotes verpackt), er hätte – wie es scheint (eine zweite Relativierung im ohnehin schon hypothetischen Irrealis), – die Römer besiegen können, wenn nicht ...; er hätte eher sein Leben aufgegeben als seinen Hass (prius animam quam id deposuerit). Als

Tatsache wird anderes dargestellt: Die Überlegenheit Roms (Si verum est – quod nemo dubitat) und die Deutung, dass mit Hanibal ein großer Mann vom Neid der Masse zu Fall gebracht worden ist (multorum obtrectatio devicit unius virtutem). Das einzige Lob seiner Taten im Indikativ ist die schon angesprochene sehr schwammige Formulierung: Nam quotienscumque cum eo congressus est in Italia, semper discessit superior (Z. 5-6). Vielleicht ist das *understatement*, aber es ist ein schwaches Lob für den größten Feldherrn der Antike.

3. **Gliederung:**
Daraus lässt sich eine grobe Einteilung ablesen:
   - Z. 1-6: Hannibals Siege und seine Stärke,
   - Z. 6-8: der Grund für sein Scheitern,
   - Z. 9-12: sein Hass auf die Römer.

4. **Übersetzung:**
„Hannibal, Hamilkars Sohn, der Karthager. Wenn es wahr ist – was niemand bezweifelt –, dass nämlich das römische Volk alle (anderen) Völker an Tapferkeit übertrifft, dann ist auch nicht zu leugnen, dass Hannibal um genauso viel die übrigen Feldherrn an Klugheit übertroffen hat, wie das römische Volk an Mut alle (anderen) Nationen in den Schatten stellt. Denn immer wenn er mit ihm aneinander geraten ist in Italien, ging er als Sieger davon. Wenn er also nicht durch den Neid seiner eigenen Mitbürger geschwächt worden wäre, hätte er die Römer – wie es scheint – besiegen können. Aber die Missgunst der Vielen siegte über die Leistung des Einen.
Er aber hielt an dem von seinem Vater wie durch eine Erbschaft hinterlassenen Hass auf die Römer so sehr fest, dass er lieber sein Leben als ihn aufgegeben hätte, denn er hat ja sogar, als er aus der Heimat vertrieben war und fremder Hilfe bedurfte, niemals aufgehört, im Geiste Krieg zu führen mit den Römern."

5. Viele Beobachtungen, die schon erwähnt wurden, können herangezogen werden. Fast körperlich spürt man jedoch das Dilemma des Nepos, wenn man den Aufbau des Satzes nach dem Einrückverfahren darstellt und nach der Logik des Satzes fragt:

NS 1 Si verum est,
NS 2 quod nemo dubitat,
NS 2 ut populus Romanus omnes gentes virtute superarit,
HS non est infitiandum
AcI < Hannibalem tanto praestitisse ceteros imperatores prudentia >,
NS 1 quanto populus Romanus antecedat fortitudine cunctas nationes.

Sofort fällt auf, dass der Satz – streng logisch betrachtet – völlig unsinnig ist, denn aus dem si-Satz ergibt sich überhaupt nicht der Hauptsatz: Aus der angeblich unbestreitbaren Überlegenheit der Römer im Bereich der Tapferkeit folgt überhaupt nicht, dass Hannibal alle anderen Feldherren an Klugheit übertrifft. Das eine hat mit dem anderen sogar überhaupt nichts zu tun. Sinnvoller wäre ein Analogieverhältnis („genau so, wie es unbestreitbar richtig ist, dass ..., so ist es auch unstrittig, dass ...") oder sogar ein antithetisches Verhältnis („zwar ist es unbestreitbar richtig, dass ..., aber genauso unstrittig ist auch, dass ..."). Das allerdings steht hier nicht. Außerdem vermag man überhaupt nicht einzusehen, warum Hannibal alle anderen Feldherren an Klugheit genau so weit übertreffen soll, wie die Römer allen anderen Völkern an Tapferkeit überlegen sind. Wie will man Tapferkeit mit Klugheit vergleichen? Wie will man den Vorsprung messen?
Ganz offensichtlich geht es Nepos hier nicht um logisch stimmige Aussagen, sondern nur darum, Hannibals Leistung in Bezug zu den Römern zu setzen. Nepos bringt sogar das Kunststück fertig, die von Hannibal besiegten Römer über den Sieger zu stellen: Die römische Überlegenheit ist eine Wahrheit (verum), die von niemandem bestritten wird (nemo dubitat). Hannibals Überlegenheit dagegen ist lediglich nicht zu leugnen (Litotes). Das klingt fast so, als müsse Nepos dies eher widerwillig anerkennen.
Formal sind beide Sätze nahezu gleichwertig und fast parallel (ut-Satz abhängig von verum est oder von nemo dubitat bzw. AcI abhängig von non infitiandum est), psychologisch jedoch ist die Überlegenheit der Römer viel stärker präsent: Sie wird zweimal ausgedrückt und rahmt das Lob Hannibals ein. Zudem wird sie semantisch viel deutlicher artikuliert und rhetorisch ausgefeilter präsentiert mit einer Mischung aus Hendiadyoin, Parallelismus und Chiasmus:

populus Romanus omnes gentes virtute superarit

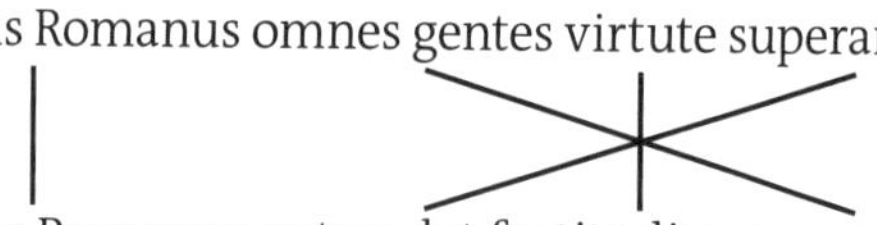

populus Romanus antecedat fortitudine cunctas nationes

Verglichen damit ist das einmalige Lob Hannibals eher schmucklos: Hannibalem [...] praestitisse ceteros imperatores prudentia.

2. Caesar, Bellum Gallicum 1, 6 (= Lesebuch S. 28)

Die Konkretisierung der helvetischen Auswanderungspläne

6 1 Erant omnino itinera duo, quibus itineribus domo exire possent: unum per Sequanos, angustum et difficile, inter montem Iuram et flumen Rhodanum, vix qua singuli carri ducerentur, mons autem altissimus impendebat, ut facile perpauci prohibere possent; 2 alterum per provinciam nostram, multo facilius atque expeditius, propterea quod inter fines Helvetiorum et Allobrogum, qui nuper pacati erant, Rhodanus fluit isque nonnullis locis vado transitur. 3 Extremum oppidum Allobrogum est proximumque Helvetiorum finibus Genava. Ex eo oppido pons ad Helvetios pertinet. Allobrogibus sese vel persuasuros, quod nondum bono animo in populum Romanum viderentur, existimabant vel vi coacturos, ut per suos fines eos ire paterentur. 4 Omnibus rebus ad profectionem comparatis diem dicunt, qua die ad ripam Rhodani omnes conveniant. Is dies erat a. d. V. Kal. Apr. L. Pisone, A. Gabinio consulibus.

2. Vorerschließung

a) Sprechsituation

In I 2,3-4 hatte Cäsar die Helvetier als ein „Volk ohne Raum" dargestellt, das durch natürliche Grenzen (Rhein, Jura, Genfer See, Rhône) und Nachbarn (Germanen, römische Provinz) in ein zu kleines Gebiet eingezwängt sei. Durch aggressive und profilierungssüchtige Anführer (vor allem Orgetorix und Dumnorix, vgl. I 3,2-5) haben sich die Helvetier zu dem Plan verleiten lassen, als gesamtes Volk auszuwandern und ein größeres Stammesgebiet zu suchen. Auch die Nachbarstämme haben sie schon in diese Pläne einbezogen (I 3,3-4; I 5,4), in Cäsars Sicht: aufgehetzt. Da Cäsar mehrfach auf die aggressive und kriegerische Mentalität der Helvetier anspielt (I 2,4, I 3,6-7), ist es für den Leser offensichtlich, dass die helvetische Gebietssuche kriegerisch ablaufen wird, also wohl ein helvetischer Eroberungszug durch Gallien sein wird. Um alle Brücken hinter sich abzubrechen, haben die Helvetier ihre größeren oppida und Häuser angezündet; auch ihre Ernte haben sie vernichtet, bis auf einen Vorrat für drei Monate für den Marsch (I 5). Der *point of no return* ist also überschritten; alle Möglichkeiten der Verständigung sind erschöpft, die Konfrontation ist nur noch eine Frage der Zeit. An dieser Stelle konkretisiert Cäsar die helvetischen Pläne, indem er zum ersten Mal andeutet, welchen Weg die Helvetier nehmen könnten.

b) Merkmale des Textes:

- Niveau I:

  Der Text weist eine klare Gliederung auf, die schon durch den ersten Schlüsselbegriff itinera duo (Z. 1) angelegt wird (iter wird in Z. 1 zweimal benutzt). Die beiden Wege werden dann streng parallel beschrieben: unum (Z. 2) ... alterum (Z. 5) strukturieren als Konnektoren den Text im Großen. Diese Beschreibungen lassen sich übersichtlich in einer Tabelle zusammenfassen:

	erant omnino itinera duo	
	unum (iter)	alterum (iter)
grober Verlauf des Weges	per Sequanos,	per provinciam nostram
grobe Charakterisierung	angustum et difficile	multo facilius atque expeditius,
genauere Lage / genauerer Verlauf des Weges	inter montem Iuram et flumen Rhodanum,	inter fines Helvetiorum et Allobrogum, qui nuper pacati erant,
Vorteile / Nachteile des Weges (genauere Charakterisierung)	• vix qua singuli carri ducerentur, • mons altissimus impendebat, • facile perpauci prohibere possent	Rhodanus fluit isque nonnullis locis vado transitur.

- Niveau II:
  Wie im „Zoom-Verfahren" lenkt Cäsar den Blick des Lesers immer genauer auf die Schlüsselstelle, an der der Konflikt eskalieren wird (Z. 1-9): Vom „Großraum" (dem Gebiet der Sequaner, dem Jura und der Rhône) geht der Blick auf die Grenze zwischen den Allobrogern und den Helvetiern, speziell auf die Grenzstadt Genf (Genava), oder, noch genauer, auf die Brücke, die bei Genf das Gebiet der Helvetier mit dem der Allobroger verbindet: Extremum oppidum Allobrogum est proximumque Helvetiorum finibus Genava. Ex eo oppido pons ad Helvetios pertinet (Z. 8-9). Da Cäsar – wie auch der Leser – davon ausgeht, dass die Helvetier diesen Weg nehmen werden, ist diese Brücke die Schlüsselstelle, das Nadelöhr, wo Cäsar eingreifen muss. Haben die Helvetier diese Brücke überschritten, so ist es – nach Cäsar – beinahe unmöglich, sie aufzuhalten.
  Nach der räumlichen Zuspitzung erfolgt die zeitliche (das Schlüsselwort dies wird auf engstem Raum dreimal genannt (Z. 12-13): Omnibus rebus ad profectionem comparatis **diem** dicunt, qua **die** ad ripam Rhodani omnes conveniant. Is **dies** erat a. d. V. Kal. Apr. L. Pisone, A. Gabinio consulibus.
  Geradezu mustergültig zeigt der Text, welche Wirkung eine Thema-Rhema-Gliederung hat. Der jeweils nachfolgende Satz nimmt die Informationen des vorherigen auf und fügt eine neue hinzu, die dann wiederum aufgenommen und erweitert bzw. präzisiert wird; vgl. Z. 8-14, die entscheidenden Wörter sind markiert: Extremum **oppidum** Allobrogum est proximumque Helvetiorum finibus Genava. **Ex eo oppido** pons ad Helvetios pertinet. [...] Omnibus rebus ad profectionem comparatis diem dicunt, qua die ad ripam Rhodani omnes conveniant. Is dies erat a. d. V. Kal. Apr. L. Pisone, A. Gabinio consulibus. Durch dieses Verfahren nimmt der Autor Cäsar den Leser „an die Hand" und lenkt seinen Blick und seine Aufmerksamkeit schrittweise genau dahin, wohin er ihn lenken möchte. Cäsar, der große Spannungsregisseur, hat alles für den Showdown vorbereitet: Am 28. März 58 v. Chr. werden an der Brücke, die bei Genf über die Rhône führt, die Hauptakteure, Cäsar und die Helvetier, aufeinandertreffen. Gespannt erwartet der Leser, wie die Konfrontation ablaufen wird.

3. Übersetzung

„Es gab überhaupt nur zwei Wege, auf denen die Helvetier auswandern konnten: Der eine (führte) durch das Gebiet der Sequaner, (war) eng und schwierig, zwischen dem Jura und der Rhône, wo kaum einzelne Wagen hindurchgezogen werden konnten. Ein sehr hoher Berg ragte (in den Weg) hinein, so dass leicht ganz wenige Leute ihn versperren konnten. Der andere (führte) durch unsere Provinz, (war) viel leichter und bequemer, deswegen weil zwischen dem Gebiet der Helvetier und dem der Allobroger, die erst vor kurzem unterworfen worden waren, die Rhône fließt und diese an vielen Stellen durch eine Furt überquert werden kann. Die Grenzstadt der Allobroger und (damit) die nächste am Gebiet der Helvetier ist Genf. Von dieser Stadt führt eine Brücke zu den Helvetiern. Die Allobroger, so glaubten die Helvetier, würden sie überreden (denn die Allobroger schienen dem römischen Volk noch nicht wohlgesonnen zu sein) oder sie würden sie mit Gewalt dazu zwingen, dass sie sie durch ihr Gebiet marschieren ließen. Nach dem Ende aller Vorbereitungen zum Aufbruch setzen sie einen Termin fest, zu dem am Rhôneufer alle zusammenkommen sollten. Dieser Termin war der 28. März im Konsulatsjahr des Lucius Piso und des Aulus Gabinius (= 58 v. Chr.)."

4. Detailanalyse

Durch oben dargestellte Tabelle ist die erste Hälfte des Textes recht genau vorerschlossen. Doch diese Tabelle leistet viel mehr als nur eine Vorerschließung, denn sie zeigt deutlicher als der komplette, zusammenhängende Text, wie geschickt Cäsar den Leser manipuliert: Der Weg durch das Gebiet der Sequaner, so wie Cäsar ihn beschreibt, weist fast nur Negativa und Schwierigkeiten auf. Er ist angustum et difficile, sogar so eng, dass immer nur ein Karren den Weg passieren kann. Zudem weist er eine Stelle auf, an der schon wenige Feinde den Weg versperren und einen sehr effektiven Hinterhalt legen könnten. Natürlich, so wird dem Leser dadurch suggeriert, werden sich die Helvetier für den anderen Weg entscheiden, zumal der nur Positiva aufweist (multo facilius atque expeditius). Zwar muss auf diesem Weg die Rhône überquert werden, doch dies ist angeblich ohne größere Schwierigkeit an mehreren Stellen möglich.
In diesem Lichte erhalten zwei zunächst unscheinbare und beiläufige Bemerkungen Cäsars eine überraschende und völlig neue Bedeutung, zunächst die Bemerkung, dass die Allobroger erst vor kurzer Zeit unterworfen worden seien (Allobrogum, qui nuper pacati erant). Wenn dies zutrifft

(immerhin fand die Eingliederung der Allobroger in die Provinz Gallia Narbonensis 121 v. Chr. statt, also 63 Jahre vor den geschilderten Ereignissen; doch noch 61 v. Chr. gab es dort einen Aufstand gegen die Römer), ist die römische Herrschaft bei ihnen noch nicht gesichert. Sie wären daher leicht von den durchziehenden Helvetiern zum Aufstand gegen Rom zu bewegen. Auch dies spricht also für diesen Weg.
Vor allem aber wird ein Wort zum Schlüsselwort, das bis jetzt eher blass war: per provinciam nostram. Bislang schien dies nur eine grobe geographische Beschreibung des Weges, nun aber liegt in diesem Wort der zentrale Konflikt des gesamten Helvetierkrieges, letztlich die entscheidende Legitimation Cäsars für den Krieg gegen die Helvetier: Cäsar kann nicht zulassen, so stellt er es dar, dass aggressive und kriegslüsterne Horden wie die Helvetier durch die ihm anvertraute Provinz marschieren, denn die Provinz ist der Hort und die Keimzelle römischer Humanität in einem vom Barbaren besiedelten Land (vgl. I 1,3). Alles, was den Römern wichtig war – Schutz der Provinz und der Bundesgenossen (vgl. **I2** auf S. 23 und **I6** auf S. 35), Verteidigung des eigenen Staatsgebiets (vgl. **M5** auf S. 41) und Roms Anspruch als „Weltpolizist" und „Kulturstifter" – steht auf dem Spiel und bündelt sich in dem einen Wort provincia. Cäsar, so wird uns suggeriert, kann also überhaupt nicht anders, als den Helvetiern den Durchmarsch zu verbieten. Damit ist der weitere Verlauf der Handlung vorgezeichnet.

3. **Catull Carmen 5** (= Lesebuch S. 69)

2. Vorerschließung

a) Über den literaturgeschichtlichen Kontext, in dem Catulls Gedichte stehen, informiert der Einleitungstext (S. 68); unverzichtbar für die Interpretation von c. 5 sind Informationen über die Neoteriker, biographische Details zu Catulls Leben und Hintergrundinformationen zu „Lesbia". Ungefähr folgende Informationen zu diesen drei Aspekten lassen sich dem Text entnehmen:

Catull:
- wurde nur ca. 30 Jahre alt,
- war ein Zeitgenosse Cäsars (er lebte von ca. 84-54 v. Chr.),
- entstammte der Oberschicht (sein Vater war sogar ein Bekannter Cäsars),
- kam als junger Mann nach Rom,
- wollte nicht Anwalt, Politiker oder Offizier werden, sondern wurde Dichter,
- schloss sich den Neoterikern an.

Neoteriker (lat. poetae novi)
- Gruppe von jungen Dichtern, die mit der Tradition brachen und Dichtung, bisher eine Freizeitbeschäftigung der Reichen, zu ihrem Lebensinhalt machten,
- bewusste Kritik am mos maiorum der konservativen Römer (Neoteriker als jugendliche Protestbewegung): Liebe, Dichtung, private Freundschaften als Lebensinhalt, nicht mehr Reichtum, Macht, militärischer Ruhm,
- Ideal ist des poeta doctus („gelehrter Dichter"),
- als Folge behandeln Gedichte der Neoteriker oft entlegene Stoffe in seltenen Metren und sind meist kurz (kleine, aber künstlerisch vollendete Werke).

Lesbia:
- Freundin bzw. Geliebte Catulls, die er in seinen Gedichten anspricht,
- ob sie eine historische Person oder eine literarische Erfindung ist, ist umstritten (als literarische Erfindung spielt der Name auf die Dichterin Sappho von Lesbos an, als historische Person ist Lesbia wohl ein Pseudonym für die Adlige Clodia, die Gattin des Metellus Celer),
- ist „Lesbia" identisch mit der adligen Clodia, so ist dieses Liebesverhältnis eine offene Provokation: Clodia ist älter als Catull, verheiratet mit einem meist abwesenden Ehemann, reich, charmant, gebildet und, glaubt man Catull, eine femme fatale, zumindest eine Art „Paris Hilton der römischen Aristokratie" mit zahlreichen Affären und Skandalen,
- Catull verfällt ihr (zumindest gibt sein lyrisches Ich dies in in seinen Gedichten vor) in einer Art von „Hassliebe", einem Gefühlschaos zwischen Liebe, Leidenschaft, Enttäuschung, Eifersucht und Hass,
- allein darin liegt für konservative Römer schon ein Skandal, dass sich ein junger Mann aus der Oberschicht so gehen lässt, seine Gefühle so „outet" und sich von einer Frau, ganz gleich ob von einer realen oder einer erfundenen, beherrschen lässt.

b) Markieren von auffälligen Textmerkmalen

Vivamus, mea Lesbia, atque amemus,
rumoresque senum severiorum
omnes unius aestimemus assis.
Soles occidere et redire possunt.
Nobis, cum semel occidit brevis lux,
nox est perpetua una dormienda.
Da mi basia mille, deinde centum,
dein mille altera, dein secunda centum,
deinde usque altera mille, deinde centum.
Dein, cum milia multa fecerimus,
conturbabimus illa, ne sciamus,
aut ne quis malus invidere possit,
cum tantum sciat esse basiorum.

- Niveau I:
Catulls carmen 5 ist ein typisch neoterisches Gedicht in dem Sinne, dass es sehr ausgefeilt und komplex ist. Es ist sehr viel komplexer und „kunstvoller", als es auf den ersten Blick wirkt; eben darin liegt die besondere Kunst Catulls, dass sein Text so schlicht wirkt. Dennoch lassen sich mit dem Vorwissen über Catull und die Neoteriker schon bei einer ersten, oberflächlichen Lektüre wichtige Erkenntnisse sammeln.
Gleich schon im ersten emotionalen, plakativen und provokanten Vers fallen Schlüsselbegriffe ins Auge: Vivamus, mea Lesbia, atque amemus: „leben", „meine (geliebte) Lesbia" und „lieben". Das neoterische Programm Catulls ist wie in einem Werbeslogan verdichtet und wird vor dem Leser ausgebreitet: „Lass uns leben und lieben!" oder freier: „Leben heißt Lieben!" Das ist eine Aufforderung, das Leben zu genießen. Dazu passt die Anrede mea Lesbia, die hier gegen alle gesellschaftliche Kritik als Bekenntnis zu Lesbia gemeint ist: „meine Lesbia". Catull gesteht damit öffentlich seine Liebe. Leben – lieben – Lesbia: Alles das gehört für Catull untrennbar zusammen. Dieses Bekenntnis in dieser Schärfe ist eine Provokation für alle konservativen Römer.
Die nächsten Verse sind deutlich zurückhaltender. Sie sind in einem ersten Zugriff kaum zu erschließen, da die textgrammatischen Signale nicht so plakativ sind, doch mit V. 7 (da mi basia mille ...) gewinnt das Gedicht wieder „Fahrt". Wortschatz und Satzbau der nächsten drei Zeilen sind minimal (ein Imperativ, dann nur noch Aufzählungen aus maximal vier Wörtern). Drei Elemente fallen sofort ins Auge: Da mi basia steht provokant am Anfang (betonte Spitzenstellung des Verbs) – „gib mir Küsse", dann unendliche Wiederholungen von dein bzw. deinde und von Zahlen (mille, centum, mille altera, secunda centum, altera mille, centum, milia multa). Wenn dem Leser von diesem Zahlengewirr ganz „schwindlig" geworden ist, stolpert er über das Wort conturbabimus, das genau seinem Gemütszustand entspricht. Der Inhalt ist offensichtlich: Lesbia soll Catull küssen, und zwar immer wieder (dein/deinde), unzählige Male. Die Leidenschaft ihrer Liebe drückt sich in der einfachen Sprache aus. Das Denken setzt aus, jetzt wird nur noch geküsst.
Damit ergibt sich eine offensichtliche, grobe Zweiteilung des Gedichts: V. 1-6 (Catulls Geständnis seiner Liebe zu Lesbia) und die Aufforderung an Lesbia, ihn immer wieder zu küssen (V. 7-13). Das letzte Wort des Gedichts (basiorum) zeigt, dass die Kuss-Thematik bis zum Ende reicht.

- Niveau II
Eine detaillierte Gliederung des Gedichts ist sehr viel schwieriger als die oben skizzierte grobe Zweiteilung, dabei wird die Komplexität des Textes deutlich.
- Einen ersten Teil bilden V. 1-3, die durch drei Konjunktivformen vivamus, amemus, aestimemus zusammengeschlossen werden. Catulls Bekenntnis zu Lesbia (V. 1) steht seine Ablehnung und Kritik an den konservativen „Greisen" (senum severiorum) gegenüber, um die Catull und Lesbia (1. Person Plural) sich kein bisschen kümmern wollen. Catull drückt es noch abfälliger aus: das gesamte Gerede (omnes rumores) dieser Leute ist ihm nur einen einzigen Cent (unius assis) wert.
- Es folgt, wie durch den Wechsel der Verbformen (possunt, est) angedeutet wird, etwas Neues: Aus dem Appell (1. Person Plural Konjunktiv) ist eine Zustandsbeschreibung geworden (3. Person Indikativ). Auch die Antithesen (Licht ↔ Dunkelheit, Tag ↔ Nacht, metaphorisch verwendet für die größte Antithese von allen: Leben ↔ Tod) schließen diesen Teil zusammen (soles occidere et redire, lux occdit, nox est dormienda).
Der Bezug zu den ersten drei Versen wird von Catull nicht hergestellt; der Leser muss ihn selbst leisten: Catull und Lesbia lieben sich und kümmern sich nicht um das, was andere sagen, denn das Leben ist kurz (brevis lux), und der Tod ist endlos

lang und kommt viel zu früh. Ist man tot, so kann man nicht mehr lieben!

- Es folgt (V. 7-9) die „Kussorgie" über drei Verse: Zunächst tausend, dann hundert, dann wieder tausend, dann andere hundert Küsse usw. soll Lesbia ihm geben.
- Ab V. 10 folgt der „sperrigste" und syntaktisch schwierigste Teil des Gedichts (Hypotaxe statt Parataxe, Futur II und Futur I, keine eindeutigen Wort- und Sachfelder oder Verbformen), dessen Inhalt ebenfalls Schwierigkeiten bereitet. Die schwierige Sprache spiegelt die etwas verworrene Denkweise des lyrischen Ichs wider.
Der Schlüssel zum Verständnis liegt in der Wendung **ne quis malus invidere possit**: Es gibt also böse Menschen (**quis malus**), die Catull und Lesbia ihr Glück nicht gönnen, die neidisch auf sie sind, weil sie so glücklich sind. Damit ein möglicher Neider keinen Grund haben kann, neidisch zu sein, wollen Catull und Lesbia am Ende ihrer „Kussorgie" die Zahl ihrer Küsse fälschen, damit sie selbst diese Zahl nicht mehr kennen oder damit auch kein Neider sie kennt. Einen ersten Schritt zum „Verschleiern" der genauen Kuss-Zahlen hat Catull selbst schon getan, indem er in seiner Aufzählung der „geküssten Küsse" alles dafür getan hat, dass der Leser den Überblick verliert.

3. Gliederung / erstes Textverständnis

s. o.

4. Übersetzung

„Leben lass uns, meine Lesbia, und lieben, und die Nörgeleien allzu griesgrämiger Greise lass uns alle einen einzigen Cent wert sein. Sonnen können unter- und aufgehen, wir aber müssen, wenn unser kurzes Lebenslicht nur einmal verloschen ist, eine einzige endlose Todesnacht schlafen. Gib mir Küsse, (erst) tausend, dann hundert, dann nochmal tausend, dann weitere hundert, dann in einem durch nochmal tausend, dann hundert. Dann, wenn wir viele tausend voll gemacht haben, werden wir sie durcheinanderwerfen, damit wir (die Zahl) nicht wissen oder damit nicht irgendein böser Mensch neidisch sein kann, weil er weiß: Es waren genau so viele Küsse."

5. Detailanalyse

Unzählige weitere Beobachtungen sind denkbar; das Gedicht gehört zu den wohl besten und bekanntesten lateinischen Texten überhaupt. So wird z. B. die Einheit von Leben und Lieben in Vers 1 durch Elisionen unterstrichen (**Lesbi-atqu-amemus**), das „Gezischel" der Kritiker wird in V. 2 durch die s-Alliteration in **rumoresque senum severiorum** lautmalerisch nachgeahmt, die eine, endlose Todesnacht, die wir Menschen „schlafen" müssen, wird in V. 6 metrisch durch die Verschleifung des a (**nox est perpetu-una dormienda**) nachgeahmt; man beachte auch den traurigen Klang des zweimaligen u.
Hier soll es um die Aufzählung der Küsse in V. 7-10 gehen. Zunächst einmal wendet Catull eine große Menge von Stilmitteln auf, um den Taumel und Rausch der endlosen „Kussorgie" sprachlich nachzuahmen: Anaphern (**deinde, dein, dein, deinde, deinde**) und Asyndeta, es wechseln Parallelismus und Chiasmus (**mille altera, secunda centum**) oder Elisionen, die die Wortgrenzen verschwimmen lassen (**deind-usqu-altera**). Vor allem aber trägt zu dem Zahlengewirr die ständige Wiederholung von mille und centum bei, immer in der falschen Reihenfolge (Antiklimax), erst **mille**, dann **centum**. Hier hat man schon beim ersten Mal das Gefühl, dass das lyrische Ich ein wenig den Überblick verloren haben könnte: Wenn ihm Lesbia unzählige Küsse gibt, gibt sie ihm doch zuerst hundert Küsse, und erst später, wenn sie weiter macht, werden es tausend. Auch der komplizierte zeitliche Ablauf mit Futur II und Futur I (**dein, cum multa fecerimus, conturbabimus illa ...**), sorgt dafür, dass man den Überblick verliert. Aber genau so soll es ja auch und gerade dem **malus** ergehen: Er soll den Überblick verlieren.
Die Bedeutung „eine Rechnung fälschen" für **conturbare** (vgl. auch **I1** auf S. 70) bringt eine weitere Interpretationsebene ins Spiel: Die „Zahlenspielerei" und „Bilanzfälschung" in V. 9/10 (dem drittletzten Vers) nimmt die Metapher aus der Finanzwelt (im dritten Vers) wieder auf: **unius aestimemus assis**. Doch es ergibt sich die paradoxe Situation, dass Catull die Zahl von Lesbias Küssen, also das Ausmaß seines Glücks, nicht genau benennen kann (oder will), dass er aber ganz genau sagen kann, wieviel ihm das Genörgel seiner Kritiker wert ist: ein As, die kleinste römische Münze. Welch ein grandioses Chaos der Gefühle!

4. Ulpian, Digesten 1,1, pr.-4;10 (= Lesebuch S. 122-123, **T1**, Z. 1-14)

2. Vorerschließung

a) Erläuterung der Sprechsituation:
Zur Erläuterung der Sprechsituation ist wenig Vorwissen nötig, da es sich um den ersten Text aus den Digesten handelt, um die einleitende Definition. Was die Digesten sind, wer Ulpian ist, welche Art von Text zu erwarten ist, geht aus dem Einleitungstext (S. 120/121) und aus der Einleitung zu **T1** hervor.

Was ist Recht?

Iuri operam daturum prius nosse oportet, unde nomen iuris descendat. Est autem a iustitia appellatum. Nam, ut eleganter Celsus definit: „Ius est ars boni et aequi." Cuius merito quis nos sacerdotes appellet. Iustitiam namque colimus et boni et aequi notitiam profitemur, aequum ab iniquo separantes, licitum ab illicito discernentes, bonos non solum metu poenarum, verum etiam praemiorum quoque exhortatione efficere cupientes, veram (nisi fallor) philosophiam, non simulatam affectantes.

Huius studii duae sunt positiones, publicum et privatum. Publicum ius est, quod ad statum rei Romanae spectat, privatum, quod ad singulorum utilitatem. Sunt enim quaedam publica utilia, quaedam privatim. Publicum ius in sacris, in sacerdotibus, in magistratibus consistit. Privatum ius tripertitum est: Collectum etenim est ex naturalibus praeceptis aut gentium aut civilibus.

- Niveau I:
  Der Beginn des Textes wird dominiert von den Begriffen ius und iustitia: iuri (Z. 1), iuris (Z. 1), iustitia (Z. 2), ius (Z. 3) und iustitiam (Z. 4). Das ist nicht sehr überraschend angesichts der Thematik des Textes, überraschender ist eher, dass diese beiden Begriffe in den nächsten Zeilen nicht mehr vorkommen; erst in Z. 10 taucht ius wieder auf, dann noch zweimal: Z. 12 und Z. 13. Es finden sich allerdings sinnverwandte Begriffe, die alle zum Sachfeld „Recht" passen: boni et aequi (Z. 3 und Z. 4), aequum ↔ iniquum (Z. 5), licitum ↔ illicitum (Z. 5), poenarum ↔ praemiorum (Z. 6); sie kommen zumeist als Antithesen in der Zusammenstellung mit ihrem Gegenteil vor und passen alle in das Schema „Recht ↔ Unrecht".
  Die Z. 9-14 werden dominiert von einer anderen Gegenüberstellung: publicum (ius) ↔ privatum (ius); dieses Begriffspaar wird insgesamt dreimal wiederholt, in leichter variation, aber immer in dieser Reihenfolge: publicum (Z. 9/10) – privatum (Z. 9/10), publica (Z. 11) – privatim (Z. 12), publicum (Z. 12) – privatum (Z. 13).
  Damit ist die Gliederung des Textes sehr deutlich: Z. 1-8 enthalten die Definition des Rechts und eine Diskussion über Recht und Unrecht, Z. 9-14 beschreiben den Unterschied zwischen öffentlichem Recht und Privatrecht. Dieser klare, transparente und offensichtliche Aufbau trägt entscheidend zu dem sachlichen und wissenschaftlichen Charakter des Textes bei.

- Niveau II:
  Neben dem klaren und sehr offensichtlichen Aufbau des Textes tragen noch andere Faktoren dazu bei, dass der Text als präziser, informativer und objektiver Sachtext erscheint. Der klare Aufbau setzt sich bis ins Kleine fort, Ulpian benutzt

überwiegend Parallelismen, wobei der parallele Aufbau dadurch noch verstärkt wird, dass entbehrliche Wörter ausgelassen werden, vgl. z.B. Z. 9-13:

Publicum ius est, quod ad statum rei Romanae spectat,
privatum, quod ad singulorum utilitatem.
Sunt enim quaedam publice utilia,
quaedam privatim.
Publicum ius in sacris, in sacerdotibus, in magistratibus constitit.

Durch den Verzicht auf nahezu jede sprachliche Ausschmückung, durch die Reduzierung auf das Wesentliche bietet der Text sehr viele Informationen auf engstem Raum und wirkt sehr übersichtlich.
Eine zweite Strategie ist fast noch wichtiger: Ulpian ordnet seine Argumentation nach dem *top-down*-Schema an, vom Großen zum Kleinen, d. h. er nennt erst überschriftenartig das Thema und führt dies dann im Einzelnen aus. In Z. 1/2 wird das Thema der nächsten Zeilen genannt (unde nomen iuris descendat), dann kommt die Antwort auf die Frage. In Z. 9 wird das Thema des gesamten zweiten Abschnitts genannt: duae sunt positiones, publicum et privatum, und dann werden diese beiden Bereiche ausgeführt.
Das *top-down*-Schema dringt bis in die kleinsten Einheiten des Textes: Fast immer nennt Ulpian das Schlagwort vorab, das er im nächsten Satz genauer darstellt („Thema-Rhema-Gliederung"); die meisten Konnektoren sind daher begründend: nam (Z. 2, 4), cuius merito („deshalb", Z. 3), enim (Z. 11), etenim (Z. 13). Ein Paradebeispiel für diese Thema-Rhema-Gliederung findet sich in Z. 10ff.:

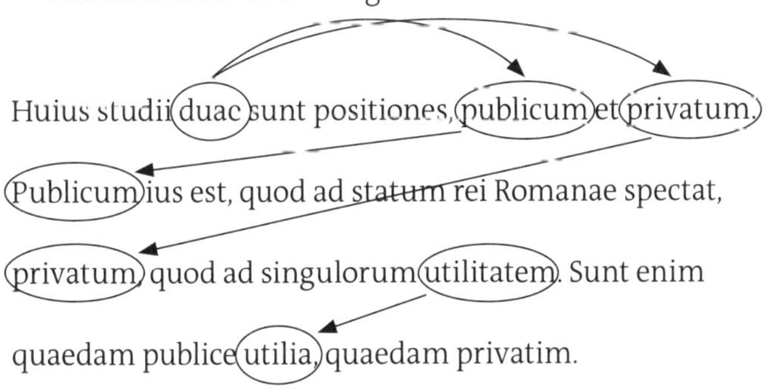

Fast alle Pfeile in diesem Text verweisen nach vorne, kaum einmal nach hinten. Fast jede Klammer, die Ulpian öffnet, schließt er auch kurz darauf. Dies gibt dem Text eine ungewöhnliche hohe Kohärenz und Transparenz, da der Leser nach jedem Satz mit hoher Wahrscheinlichkeit sagen kann, was im nächsten Satz folgen wird.

3. Übersetzung

„Wer das Recht studieren will, muss vorher wissen, woher die Bezeichnung »Recht« stammt. Sie ist aber von »Gerechtigkeit« abgeleitet. Denn, wie Celsus geschickt definiert, ist »Recht die Kunst des Guten und des Ausgeglichenen«. Deshalb könnte man uns durchaus Priester nennen. Denn wir widmen uns einerseits der Gerechtigkeit und lehren andererseits öffentlich die Kenntnis des Guten und des Ausgeglichenen, wobei wir das Gerechte vom Ungerechten trennen, das Erlaubte vom Unerlaubten unterscheiden, (die Menschen) nicht nur durch die Angst vor Strafen, sondern auch durch die Motivation der Belohnungen gut machen wollen und (wenn ich mich nicht täusche) eine echte, nicht nur eine scheinbare Philosophie anstreben.
Von diesem Studium gibt es zwei Aufgabenbereiche, das öffentliche und das Privatrecht. Öffentliches Recht ist, was sich auf den Zustand des römischen Staats bezieht, Privatrecht, was sich auf den Nutzen von Einzelpersonen bezieht. Es gibt nämlich gewisse Interessen, die öffentlich sind, und andere, die privat sind. Das öffentliche Recht setzt sich zusammen aus heiligen Dingen, aus Priestern und Magistraten. Das Privatrecht ist dreigeteilt: Es besteht nämlich aus natürlichen Vorschriften oder aus Vorschriften von Völkern oder aus Vorschriften, die zum bürgerlichen Recht gehören."

4. Detailanalyse

Schon beim lauten Vorlesen fällt auf, dass die Z. 3-8 aus dem Rahmen des trockenen, sachlichen Textes herausfallen, da sie rhetorisch extrem ausgefeilt sind. Sie enthalten eine asyndetische Aufzählung mit vier Teilen, die sich in der Länge und in der Bedeutung immer weiter steigern, jeweils parallel gebaut sind und aus Antithesen bestehen, die ähnlich klingen (Epipher, Polyptoton, Paronomasie): aequum ↔ iniquum (Z. 5), licitum ↔ illicitum (Z. 5), poenarum ↔ praemiorum (Z. 6).

Durch den feierlichen, erhabenen Klang wirkt dieser Teil fast wie ein Gebet, wie ein Hymnus auf die Leistungen des Rechts. Dazu passt, dass die Juristen einleitend mit einer Metapher als „Priester" bezeichnet werden (Z. 3: sacerdotes), auch die Wendung iustitiam colimus (Z. 4) klingt fast schon religiös, da die Bedeutung „verehren" immer mitschwingt. Damit diese kühne Metapher im Mund des trockenen Juristen Ulpian nicht unpassend oder gar arrogant klingt, wird sie durch einen Potentialis abgemildert: cuius merito quis nos sacerdotes appellet – „deshalb könnte jemand eventuell auf die Idee kommen, uns als Priester zu bezeichnen".

Am Ende steht eine weitere, sehr selbstbewusste Metapher: Ulpian steigert sich zu der These, dass die Juristen wegen all ihrer Leistungen und Verdienste, die typisch philosophische Leistungen sind – sie setzen sich für die Gerechtigkeit ein und lehren sie öffentlich, sie zeigen den Unterschied auf zwischen dem Gerechten und Ungerechten, zwischen dem Erlaubtem und Unerlaubtem, sie versuchen, die Menschen zu verbessern, nicht nur durch Angst vor Strafen, sondern auch durch die Motivation von Belohnungen –, die wahren Philosophen seien. Dies kann nur besagen, dass es auch falsche Philosophen geben muss, die sich nur anmaßen, Philosophen zu sein, es aber nicht sind. Wer diese Schein-Philosophen sind, lässt Ulpian jedoch offen.

TRAINING LEKTÜRE, BAND 1

WORTSCHATZ
ÜBERSETZUNG
TEXTERSCHLIESSUNG

ARBEITSHEFT ZUM
BUCHNERS LESEBUCH A1

C.C.BUCHNER

TRAINING LEKTÜRE, BAND 1

WORTSCHATZ – ÜBERSETZUNG – TEXTERSCHLIESSUNG

ARBEITSHEFT ZUM BUCHNERS LESEBUCH A1

Herausgegeben von Clement Utz und Andrea Kammerer.

Bearbeitet von Johanna Butz, Michael Dronia und Stefan Müller.

Bildnachweis

Archiv für Kunst und Geschichte, Berlin – S. 13; Archiv für Kunst und Geschichte / Peter Connolly – S. 20; Archiv für Kunst und Geschichte / Werner Forman, Berlin – Einband; Michael Dronia, Thalmässing – S. 29, 46 (2); www.wikimedia.org – S. 8; www.wikimedia.org / Michal Maňas – S. 15; www.wikimedia.org / Ork.ch – S. 51.

1. Auflage 1 6 5 4 3 2 1 2018 17 16 15 14
Die letzte Zahl bedeutet das Jahr dieses Druckes.
Alle Drucke dieser Auflage sind, weil untereinander unverändert, nebeneinander benutzbar.

Dieses Werk folgt der reformierten Rechtschreibung und Zeichensetzung. Ausnahmen bilden Texte, bei denen künstlerische, philologische oder lizenzrechtliche Gründe einer Änderung entgegenstehen.

Lektorat: Katrin Herrmann
Grafik und Satz: Artbox, Bremen
Einbandgestaltung: creo Druck & Medienservice, Bamberg / Julia Weismantel
Druck und Bindung: creo Druck & Medienservice GmbH, Bamberg

www.ccbuchner.de

ISBN 978-3-7661-**5155**-1

Inhalt

Vorwort

Liebe Schülerinnen und Schüler,

ihr haltet ein „Trainingsheft" zum lateinischen Lektüreunterricht in Händen, das für das **Buchners Lesebuch A1** (2. Auflage) erarbeitet wurde, aber auch für andere Lektüreausgaben verwendbar ist.

Zu Beginn des lateinischen Lektüreunterrichts müsst ihr damit rechnen, dass ihr auf Schwierigkeiten bei der Übersetzung und Texterschließung stoßt und dann auch etwas nachholen und festigen, vielleicht auch eure Kenntnisse erweitern müsst.

Dieses Arbeitsheft soll euch dabei helfen. Es ist in drei Bereiche gegliedert: Wortschatz, Grammatik, Texterschließung. Innerhalb dieser Bereiche wird an je einem Textbeispiel aus den Lektüreblöcken des Lesebuchs A1 gezielt autoren- oder themenspezifisch wiederholt und das Arbeiten an der Lektüre geübt. Ob ihr die zugehörigen Aufgaben richtig bearbeitet habt, könnt ihr anhand der beigefügten „Lösungen" überprüfen. Die Ausgangstexte sind zur einfachen Orientierung auch im Inhaltsverzeichnis aufgeführt.

Im Bereich **Wortschatz** wird das autoren- oder themenspezifisch benötigte Vokabular wiederholt und erweitert (vgl. im Lesebuch A1 auch die blau unterlegten Kästen vor den einzelnen Texten und S. 170 ff.); außerdem wird gezeigt, wie Wortschatzkenntnisse und gezielte Wortschatzarbeit zum **Textverstehen** führen.
Im Bereich **Grammatik** sind jedem Ausgangstext mehrere Grammatikphänomene zugeordnet, deren Wiederholung für den Autor lohnt (vgl. im Lesebuch A1 auch die blau unterlegten Kästen vor den jeweiligen Texten); dazu kommen lektürespezifische Themen wie Satzanalyse und Hinweise zur **Übersetzung**. (Auf Übungen zum Lektüreblock „Rom und Europa" wurde hier verzichtet.)
Im Bereich **Texterschließung** werden zunächst allgemein wichtige Grundlagen vorgestellt, die dann an den einzelnen Textbeispielen konkretisiert und im Hinblick auf eine **Interpretation** vertieft werden.

Durch diese Anlage unseres Trainingshefts bekommt ihr also konkrete Hilfen für die Lektürearbeit mit dem Lesebuch A1 oder anderen Lektüreausgaben, die die gleichen Autoren oder Themen behandeln. Darüber hinaus erhaltet ihr aber auch ganz allgemein einen methodischen Leitfaden für die lateinische Lektürearbeit, den ihr auf andere Texte übertragen könnt.

Die Verfasser dieses Heftes wünschen euch viel Erfolg bei der Lektüre lateinischer Texte!

1. Teil: Wortschatz und Textverstehen

Nepos – Autorenspezifische Wortschatzarbeit

A Wortbildungslehre

1. Die Vorsilbe (das Präfix) ob- bedeutet „entgegen-, gegen(über)-".
Bsp.: obicere: entgegenwerfen, -stellen

1. Leite die Bedeutung der folgenden Wörter ab.

engl. to offer *lat.* offerre		*ital.* opposizione *engl.* opposition	
obstare		obviam	

2. Zu einem *Verbum simplex*, also einem einfachen Verb, können unterschiedliche Präfixe treten. Mit ihrer Hilfe wird die Grundbedeutung von Verben abgeändert und es entstehen Komposita (zusammengesetzte Verben). Die wichtigsten Präfixe, von denen du die meisten auch als Präpositionen kennst, sind:
a(b)-, ad-, ante-, circum-, com-, de-, dis-, e(x)-, in-, per-, prae-, pro-, re-, trans-.
Bsp.: gradi: schreiten → congredi: zusammenkommen, -treffen; kämpfen

1. Gib die Bedeutungen der genannten Präfixe an.

2. Erschließe die Bedeutung der folgenden Komposita. Bedenke dabei die Bedeutung des zugrunde liegenden *Verbum simplex* und des jeweiligen Präfixes.

aggredi (ad-gredi)		transgredi		progredi	
ingredi		egredi		regredi	

3. Auch die Bedeutung fremdsprachlicher Begriffe lässt sich auf diese Weise erschließen.

engl. to remove		*franz.* resistance		*engl.* to eject	
engl. conflict *ital.* conflitto		*engl.* to admit		*engl.* rejection	

B Zeitangaben

Zeitangaben helfen dem Leser, die Geschehnisse eines Textes in ihrem zeitlichen Ablauf nachzuvollziehen und einzuordnen. Häufig stehen sie im Ablativ.
Bsp.: initio: anfangs; noctu: nachts

1. Übersetze die folgenden Zeitangaben ins Deutsche.
prima luce – hora tertia – hieme – prima pueritia – sole oriente – postero die

Nepos – Textbezogene Wortschatzarbeit

Ausgangstext: Nepos, Hann. 12,1-13,1 (Lesebuch S. 17 / 18)

Quae dum in Asia geruntur, accidit, ut legati Prusiae Romae apud T. Quintium Flaminium consularem cenarent atque – ibi de Hannibale mentione facta – ex iis unus diceret eum in Prusiae regno esse. Id postero die Flaminius senatui detulit. Patres conscripti legatos in Bithyniam miserunt, qui a Prusia rege peterent, ne inimicissimum suum secum haberet, sed ut sibi dederet. Iis Prusias negare ausus non est. Illud recusavit, ne quid postularent, quod adversus ius hospitii esset; ipsi, si possent, comprehenderent; ipsos locum, ubi esset, facile esse inventuros. Hannibal enim uno loco se tenebat, in castello, quod ei a rege datum erat muneri; idque sic aedificarat, ut in omnibus partibus aedificii exitus haberet, scilicet verens, ne usu veniret, quod accidit. Huc cum legati Romanorum venissent ac multitudine domum eius circumdedissent, servus ab ianua prospiciens Hannibali dixit plures praeter consuetudinem armatos apparere. Qui imperavit ei, ut omnes fores aedificii circumiret ac propere sibi nuntiaret, num eodem modo undique obsideretur. Cum servus celeriter, quid esset, nuntiasset omnisque exitus occupatos ostendisset, sensit id non fortuito factum, sed se peti neque sibi diutius vitam esse retinendam. Quam ne alieno arbitrio dimitteret, memor pristinarum virtutum venenum, quod semper secum habere consuerat, sumpsit. Sic vir fortissimus, multis variisque perfunctus laboribus, anno acquievit septuagesimo.

1 **Prūsiās, ae** *(→ EV)*
2 **T. Quintius Flaminius** *(→ EV)*
cōnsulāris, is Ex-Konsul
3 **mentiōnem facere dē** zu sprechen kommen auf
5 **inimīcissimus** Todfeind
6 **sēcum:** *bez. auf* Prūsiās **negāre** *hier:* eine Bitte abschlagen
7 **illud** *hier:* nur dies eine **iūs hospitiī** Gastrecht
8 *<petīvit, ut> ipsī … <eum> comprehenderent*
<ostendit eōs> ipsōs … esse inventūrōs
9 **sē tenēre** sich aufhalten **castellum** Kastell *(burgähnliches Schanzlager)*
11 **exitus, ūs:** *zu* exīre **scīlicet** natürlich, freilich **ūsū venīre** tatsächlich eintreten
15 **foris, is** *f* Tür, Zugang **properē** eilig, schnell
17 *occupātōs <esse>*
<Hannibal> sēnsit
fortuītō zufällig
18 *factum <esse>*
vītam retinēre sich ans Leben klammern
21 **perfungī** *(Perf.* perfūnctus sum*) m. Abl.* überstehen
22 **acquiēscere** *(Perf.* acquiēvī*)* zur Ruhe kommen, sterben

Quae dum in Asia geruntur, accidit, ut legati Prusiae Romae apud T. Quintium Flaminium consularem cenarent atque – ibi de Hannibale mentione facta – ex iis unus diceret eum in Prusiae regno esse. Id postero die Flaminius senatui detulit. (Z. 1-4)

1. Beschreibe, wie es Nepos hier gelingt, die Satzanfänge so zu gestalten, dass der jeweilige Satz mit dem vorherigen Text verklammert wird.

Patres conscripti legatos in Bithyniam miserunt, qui a Prusia rege peterent, ne inimicissimum suum secum haberet, sed ut sibi dederet. (Z. 4-6)

1. Arbeite heraus, wie es dem Autor gelingt, gleich zu Beginn einen Bezug zwischen dem neuen Satz und dem vorausgehenden Text herzustellen.

2. Nenne weitere Begriffe, die zur gleichen Wortfamilie wie rex gehören.

3. Statt Hannibals Namen zu benutzen, sprechen die römischen Gesandten hier von einem inimicissimus. Erläutere, um welche Form es sich bei diesem Wort handelt, zu welcher Wortfamilie der Begriff gehört und was er im ursprünglichen Sinn bedeutet. Begründe, warum der eigentliche Name hier vermieden wird.

Iis Prusias negare ausus non est. Illud recusavit, ne quid postularent, quod adversus ius hospitii esset; (Z. 6-8)

1. Erläutere, was Nepos dem Leser mit der Formulierung ausus non est sagen will.

2. Stelle alle Verben des Sagens zusammen, die bisher im Text Verwendung fanden. Erläutere, was dieses vielfache Vorkommen von Verben dieses Wortfeldes über die dargestellten Ereignisse aussagt.

3. Gib alle Präpositionen an, die bisher im Text vorkamen; benenne dazu auch die Kasus, mit denen sie gebraucht wurden. Welche weiteren Präpositionen, die nur den Ablativ bei sich haben, kennst du? Nenne auch deren deutsche Bedeutungen.

ipsi, si possent, comprehenderent; ipsos locum, ubi esset, facile esse inventuros. (Z. 8/9)

1. Erschließe, was der zweimalige Gebrauch des Pronomens ipse gleich zu Beginn von zwei aufeinanderfolgenden Sätzen über die Aussageabsicht des hier sprechenden Prusias enthüllt.

Hannibal enim uno loco se tenebat, in castello, quod ei a rege datum erat muneri; idque sic aedificarat, ut in omnibus partibus aedificii exitus haberet, scilicet verens, ne usu veniret, quod accidit. (Z. 9-12)

1. Hier und im folgenden Satz finden sich drei Ausdrücke, die den Aufenthaltsort des Prusias beschreiben. Stelle sie zusammen und nenne weitere Ausdrücke, die zum gleichen Wortfeld gehören.

2. Analysiere das Wort verens: Um welche Form handelt es sich? Welche besondere Art von Verb liegt hier vor? Welche anderen Beispiele von Verben dieser Art finden sich in diesem Text?

3. Arbeite heraus, was das Wort verens über den Gemütszustand Hannibals aussagen soll.

4. Übersetze die folgenden kurzen Sätze mit Verben des Fürchtens.
a) Imperator insidias hostium timuit. b) Hostes sequi veritus est. c) Timuit, ne hostes castra aggrederentur.

Silvestre David Mirys. Hannibals Tod (1799)

Huc cum legati Romanorum venissent ac multitudine domum eius circumdedissent, servus ab ianua prospiciens Hannibali dixit plures praeter consuetudinem armatos apparere. (Z. 12-14)

1. Erörtere, welche Begriffe huc wiederaufnimmt. Welche anderen Adverbien dieser Art kennst du?

2. Analysiere die Verben, die in diesem Satz verwendet werden. Inwiefern unterscheiden sie sich von den bereits erwähnten Verben des Sagens?

3. Der Satz endet mit einem Stilmittel, das hier zweifach Verwendung findet, nachdem es in diesem Text schon wiederholt gebraucht wurde. Gib an, um welches es sich handelt, und begründe, warum der Autor es hier verwendet.

Qui imperavit ei, ut omnes fores aedificii circumiret ac propere sibi nuntiaret, num eodem modo undique obsideretur. Cum servus celeriter, quid esset, nuntiasset omnisque exitus occupatos ostendisset, sensit id non fortuito factum, sed se peti neque sibi diutius vitam esse retinendam. (Z. 14-18)

1. Das Wort fores greift Begriffe aus dem vorhergehenden Text nochmals auf und verklammert so den Text. Welche – fast synonymen – Begriffe sind gemeint? Kennst du einen weiteren Begriff aus dem gleichen Wortfeld?

2. Gib die beiden bedeutungsgleichen Adverbien an, die sich in diesem Textabschnitt finden. Nenne ein weiteres Adverb mit ähnlicher Bedeutung.

Quam ne alieno arbitrio dimitteret, memor pristinarum virtutum venenum, quod semper secum habere consuerat, sumpsit. (Z. 18-20)

1. Untersuche, welche Wirkung die Alliteration in alieno arbitrio auf den Leser hat. Was will dieser Ausdruck dem Leser sagen?

Sic vir fortissimus, multis variisque perfunctus laboribus, anno acquievit septuagesimo. (Z. 21/22)

1. Arbeite heraus, mit welchem Begriff Nepos am Ende dieses Textes Hannibal beschreibt, und erläutere, mit welcher Absicht er dies tut.

2. Mit anno acquievit begegnet dem Leser hier erneut eine Alliteration. Stelle alle Bedeutungen des Verbums acquiescere zusammen und gib danach an, welches weitere Stilmittel an dieser Stelle angewendet wird.

Cäsar – Autorenspezifische Wortschatzarbeit

A Orts- und Richtungsangaben

1. Vervollständige die Liste.

wo?	domi				illic
woher?		rure		Roma	
wohin?			huc		

B „Daher" und „deshalb" im Lateinischen

1. Unterstreiche alle Ausdrücke, die „daher, deshalb, deswegen" bedeuten. Stelle alle anderen Begriffe in der Tabelle zusammen und übersetze sie.
adeo – eo – ideo – igitur – itaque – item – nequiquam – ob eam causam – praeterea – proinde – propterea – qua de causa – quamquam – quapropter – quare – quondam – ultro

1.		5.	
2.		6.	
3.		7.	
4.		8.	

C Wortfamilie

Die folgenden Wörter gehören zur gleichen Wortfamilie.
a) finitimus b) finis, is (m) c) finire d) infinitus e) affinis, e f) definire

1. Erschließe anhand dieser Liste eine Definition des Begriffs Wortfamilie.

2. Übersetze die aufgelisteten Begriffe.

a)	c)	e)
b)	d)	f)

3. Nenne Wörter aus anderen Sprachen, die sich von dieser Wortfamilie ableiten lassen.

4. Zu welcher Wortfamilie gehören die Begriffe facilis und maleficium?

Cäsar – Textbezogene Wortschatzarbeit

Ausgangstext: Caesar, Gall. 1,12 (Lesebuch S. 36)

12 1 Flumen est Arar, quod per fines Haeduorum et Sequanorum in Rhodanum influit, incredibili lenitate, ita ut oculis, in utram partem fluat, iudicari non possit. Id Helvetii ratibus ac lintribus iunctis transibant. 2 Ubi per exploratores Caesar certior factus est tres iam partes copiarum Helvetios id flumen traduxisse, quartam vero partem citra flumen Ararim reliquam esse, de tertia vigilia cum legionibus tribus e castris profectus ad eam partem pervenit, quae nondum flumen transierat. 3 Eos impeditos et inopinantes aggressus magnam partem eorum concidit; reliqui sese fugae mandarunt atque in proximas silvas abdiderunt. 4 Is pagus appellabatur Tigurinus; nam omnis civitas Helvetia in quattuor partes vel pagos divisa est. 5 Hic pagus unus, cum domo exisset, patrum nostrorum memoria L. Cassium consulem interfecerat et eius exercitum sub iugum miserat. 6 Ita sive casu sive consilio deorum immortalium, quae pars civitatis Helvetiae insignem calamitatem populo Romano intulerat, ea princeps poenas persolvit. Qua in re Caesar non solum publicas, sed etiam privatas iniurias ultus est, quod eius soceri L. Pisonis avum, L. Pisonem legatum, Tigurini eodem proelio quo Cassium interfecerant.

[1] **Arar** der Arar (*heute:* die Saône) **īnfluere** münden **lēnitās, ātis** Langsamkeit **uter, utra, utrum** welcher von beiden **ratis, is** Floß **linter, tris** Kahn

[2] **explōrātor, ōris** Kundschafter **citrā** diesseits

[3] **inopīnāns, ntis** ahnungslos **concīdere** (*Perf.* concīdī) niederhauen **sēsē fugae mandāre** sein Heil in der Flucht suchen **mandā<vē>runt** | **abdere** (*Perf.* abdidī) verbergen

[4] **Tigurīnus** tigurinisch

[6] **sīve ... sīve** entweder ... oder **īnsīgnis, e** unerhört **prīnceps** als Erster **poenās persolvere** (*Perf.* persolvī) bestraft werden **ulcīscī** (*Perf.* ultus sum) rächen **socer, erī** Schwiegervater **avus** Großvater **Tigurīnī** die Tiguriner *quō Cassium <interfēcerant>*

> Flumen est Arar, quod per fines Haeduorum et Sequanorum in Rhodanum influit, incredibili lenitate, ita ut oculis, in utram partem fluat, iudicari non possit. Id Helvetii ratibus ac lintribus iunctis transibant. (Z. 1-4)

1. Arbeite heraus, inwiefern das erste Wort dieses Satzes dem Leser bereits einen Rückschluss auf den Inhalt des Satzes ermöglicht. Welches Bild wird – vor allem durch das Substantiv lenitas – in diesem Satz heraufbeschworen?

2. Erläutere, wie Cäsar den zweiten Satz mit dem ersten verknüpft.

3. Nenne weitere Begriffe, die zum Sachfeld „Schifffahrt“ gehören.

Ubi per exploratores Caesar certior factus est tres iam partes copiarum Helvetios id flumen traduxisse, quartam vero partem citra flumen Ararim reliquam esse, de tertia vigilia cum legionibus tribus e castris profectus ad eam partem pervenit, quae nondum flumen transierat. (Z. 4-8)

1. Erörtere, wie im neuen Satz, und zwar gleich zu Beginn, mit sprachlichen Mitteln veranschaulicht wird, dass die Beschreibung eines beschaulichen Naturidylls nun endgültig zu Ende ist und ab sofort ein anderer Ton herrscht.

2. Überraschend tritt nun Cäsar auf und greift ins Geschehen ein. Erläutere, wie der Autor diesen Namen unterstreicht.

3. Gib an, wie der Ausdruck Caesar certior factus est umformuliert werden müsste, wenn man das Verbum nuntiare gebrauchen wollte. Überprüfe dabei, was die Verwendung dieses Ausdrucks für das Satzganze mit sich gebracht hätte.

4. Erläutere die Bedeutung der Präposition per für das, was im Zusammenhang des Textes ausgesagt werden soll. Betrachte hierbei auch den Satz Xerxes certior factus est a Themistocle per servum.

5. Gib an, inwiefern die Zahlwörter tres (Z. 4) und quartam (Z. 5) sich voneinander unterscheiden. Stelle zwei Listen zusammen, die die entsprechenden Begriffe von 1 bis 10 enthalten.

6. Das neue Thema des Textes ist der Krieg. Stelle die Wörter zusammen, die dies zeigen.

7. Analysiere die Verben transducere, proficisci, pervenire und transire, die an dieser Stelle gebraucht werden. Zu welcher Gruppe von Verben gehören sie? Was sagen sie über das dargestellte Geschehen aus?

8. Übersetze die Zeitangabe de tertia vigilia und versuche herauszufinden, um welche Uhrzeit es sich nach unserem heutigen Verständnis handelt.

Eos impeditos et inopinantes aggressus magnam partem eorum concidit; reliqui sese fugae mandarunt atque in proximas silvas abdiderunt. (Z. 8-10)

1. Das Demonstrativpronomen eos schlägt eine Brücke zum letzten Satz. Erläutere, auf welche Personengruppe es sich bezieht.

2. Gib an, mit welchen Worten Cäsar die Personengruppe, die er hier angreift, beschreibt. Erörtere seine Wortwahl.

3. Welche Vokabeln im Text legen nahe, dass die Situation hier noch aggressiver geworden ist, als sie es ohnehin schon war?

4. Arbeite heraus, wen Cäsar hier meint, wenn er den Ausdruck reliqui gebraucht.

5. Erläutere den Kasusgebrauch beim Ausdruck se in ... silvas abdiderunt.

6. Übersetze folgende Ausdrücke, die von der gleichen Art sind: in urbem convenire, in forum concurrere, in terram abdere.

7. Nenne zum Superlativ proximus den Komparativ und das zugrunde liegende Adverb. Wie heißen die entsprechenden Formen von supra und post?

Matthäus Merian d. Ä.
Zug der Helvetier zur Ansiedlung in das noch freie Gallien (Kupferstich 1630)

Is pagus appellabatur Tigurinus; nam omnis civitas Helvetia in quattuor partes vel pagos divisa est. (Z. 10 / 11)

1. Untersuche die Wortstellung im ersten Satz.

2. Gib an, mit welchen lateinischen Begriffen Cäsar den Aufbau der helvetischen Gesellschaft wiedergibt.

Hic pagus unus, cum domo exisset, patrum nostrorum memoria L. Cassium consulem interfecerat et eius exercitum sub iugum miserat. (Z. 12-14)

1. Analysiere den Tempusgebrauch in diesem Satz.

2. Gib die Zeitangabe an, die dieser Satz enthält, und analysiere diese. Übersetze danach folgende Begriffe, die das gleiche grammatikalische Phänomen enthalten: hieme, hora sexta, aestate.

3. Das Verbum interficere bedeutet „töten" im allgemeinen Sinn, d. h. damit verbindet sich keine bestimmte Todesart. Stelle weitere lateinische Verben zusammen, die „töten" bedeuten.

4. Übersetze den Ausdruck sub iugum mittere wörtlich. Was verbindet sich für einen Römer mit diesem Ausdruck? Analysiere ihn im Zusammenhang des vorliegenden Textes.

Ita sive casu sive consilio deorum immortalium, quae pars civitatis Helvetiae insignem calamitatem populo Romano intulerat, ea princeps poenas persolvit. (Z. 14-16)

1. Erkläre, inwiefern Cäsar mit dem Wort ita eine Verbindung zwischen diesem Satz und den vorhergehenden Sätzen herstellt. Welche weiteren Ausdrücke gibt es, die in etwa das Gleiche bedeuten?

2. Der Beginn dieses für Cäsar wichtigen Satzes wird durch mehrere Stilmittel betont. Stelle diese zusammen.

3. Erläutere, inwiefern und weshalb auch das Satzende mit dem Satzanfang korrespondiert.

Qua in re Caesar non solum publicas, sed etiam privatas iniurias ultus est, quod eius soceri L. Pisonis avum, L. Pisonem legatum, Tigurini eodem proelio quo Cassium interfecerant. (Z. 16-18)

1. Der Ausdruck poenas persolvit drückt aus, was die Tiguriner nach dem Zusammenstoß mit Cäsar tun mussten. Gib das Verb an, das aufzeigt, wie Cäsar im Gegensatz dazu sein eigenes Verhalten beschreibt.

2. Erneut tritt in diesem Satz eine Alliteration auf, die mit einem anderen Stilmittel verknüpft ist. Gib an, wo sich dieses Cluster an Stilmitteln findet, und erläutere, inwieweit Cäsar diese Auffälligkeit zum Weiterspinnen seiner Argumentationskette nutzt.

3. In diesem Satz finden sich die Verwandtschaftsbezeichnungen socer und avus. Nenne andere Verwandtschaftsbezeichnungen, die du kennst, und ordne diese nach Ausdrücken für weibliche und solchen für männliche Verwandte.

4. Auch im letzten Satz dieses Textes findet sich mit in noch einmal eine Präposition. Stelle anhand der folgenden Tabelle alle Präpositionen zusammen, die in diesem Text vorkommen.

Präposition	Zeile	Kasus, mit dem die Präposition steht	Präposition	Zeile	Kasus, mit dem die Präposition steht

Cäsar-Brunnen in Olmütz (Jan Jiří Schauberger, 1725)

Catull, Ovid, Martial – Autorenspezifische Wortschatzarbeit

A Unpersönliche Verben

Unpersönliche Verben (verba impersonalia) kommen üblicherweise nur in der 3. Person Singular (und im Infinitiv) vor. Ins Deutsche werden sie mit dem unpersönlichen „es" übersetzt.
Bsp.: (de)decet: es schickt sich, gefällt (nicht)

1. Übersetze die folgenden Ausdrücke.

	Übersetzung		**Übersetzung**
licet		constat	
libet		apparet	
oportet		placet	
pudet			

B Schwarz und Weiß bei den Römern

1. Neben den Farbbezeichnungen niger und candidus für ein eher glänzendes Schwarz bzw. Weiß gibt es auch die Begriffe ater und albus, die für glanzlose, schmutzige, trübe Farbvarianten stehen.

1. Gib die deutschen Bedeutungen der folgenden – teils metaphorisch zu verstehenden – Ausdrücke an.

dies ater		candida hora	
nubes nigrae		equus candidus	

2. Weitere gängige lateinische Farbbezeichnungen sind argenteus – aureus – purpureus.

1. Erschließe die Bedeutung dieser Adjektive und übersetze die folgenden Ausdrücke.
rosa (!) purpurea – sidus aureum – unda argentea

C Interrogativa

1. Stelle – auch mit Hilfe eines Wörterbuchs oder einer Wortkunde – lateinische Fragewörter zusammen.

Liebe und Spott – Textbezogene Wortschatzarbeit

Ausgangstext: Ovid, Ars 1,79 ff. (Lesebuch S. 92)

In Rom bieten sich verschiedene Treffpunkte an:

Et fora conveniunt – quis credere possit? – amori,
flammaque in arguto saepe reperta foro.
Sed tu praecipue curvis venare theatris;
haec loca sunt voto fertiliora tuo.
Illic invenies, quod ames, quod ludere possis,
quodque semel tangas, quodque tenere velis.
Spectatum veniunt, veniunt, spectentur ut ipsae. [...]
Nec te nobilium fugiat certamen equorum:
Multa capax populi commoda Circus habet.
Proximus a domina nullo prohibente sedeto;
Iunge tuum lateri, qua potes, usque latus.
Et bene, quod cogit, si nolis, linea iungi,
quod tibi tangenda est lege puella loci.
Hic tibi quaeratur socii sermonis origo
et moveant primos publica verba sonos:
Cuius equi veniant, facito, studiose, requiras,
nec mora, quisquis erit, cui favet illa, fave.
Utque fit: In gremium pulvis si forte puellae
deciderit, digitis excutiendus erit;
Etsi nullus erit pulvis, tamen excute nullum:
Quaelibet officio causa sit apta tuo!
Respice praeterea, post vos quicumque sedebit,
ne premat opposito mollia terga genu.

[2] **argūtus** belebt *reperta <est>*
[3] **praecipuē** besonders **curvīs theātrīs** im Rund der Theater **vēnārī** auf die Jagd gehen
[4] *vōtō tuō: Abl. des Vergleichs* **fertilis, e** ertragreich
[5] **lūdere** *m. Akk.* spielen mit
[6] **semel** einmal
[7] **spēctātum** um zu sehen
[8] **fugere** *hier:* entgehen **certāmen** Wettrennen
[9] **capāx populī Circus** der menschenreiche Zirkus
[10] **sedētō** du sollst sitzen
[12] *bene <est>* **līnea** Barriere *(zwischen den Sitzreihen)*
[13] **tibi** *hier:* von dir
[14] **socius** verbindend **orīgō** *f* Anfang
[15] **prīmōs sonōs movēre** den ersten Gesprächsanlass bilden **pūblicus** *hier:* alltäglich
[16] **facitō, studiōsē, requīrās** mach, dass du sie fragst, du eifriger Verehrer
[17] **nec mora** ~ sine morā **quisquis** *hier:* wer auch immer
[18] **gremium** Schoß **pulvis** Staub
[19] **dēcidere** *(Perf.* dēcidī*)* ~ cadere **digitus** Finger **excutere** abschütteln
[21] **quīlibet, quaelibet, quodlibet** jeder beliebige
[23] **oppositus** dagegengestellt **genū, ūs** *n* Knie

> Et fora conveniunt – quis credere possit? – amori,
> flammaque in arguto saepe reperta foro. (V. 1/2)

1. Nenne die drei Orte, die Ovid in den Versen 1 bis 9 unseres Textes für Flirtversuche empfiehlt.

2. Das Verbum **convenire** wird – je nachdem, wie es im Lateinischen konstruiert ist – unterschiedlich übersetzt. Finde eine gute Übersetzung für die folgenden kurzen Sätze.
a) Filium convenio. b) Omnes in urbem conveniunt. c) Signum convenit huic rei.
d) De bello convenimus. e) Pax convenit inter nos. f) Convenerunt ad magistrum.

3. Gib demgemäß eine gute Übersetzung für den Ausdruck **Fora conveniunt amori** an.

4. Erschließe, was das Substantiv **flamma** in einem Zusammenhang wie dem unseren bedeutet. Nenne weitere lateinische Wörter mit ähnlicher Bedeutung, die sich in diesem Text finden.

> Sed tu praecipue curvis venare theatris;
> haec loca sunt voto fertiliora tuo.
> Illic invenies, quod ames, quod ludere possis,
> quodque semel tangas, quodque tenere velis.
> Spectatum veniunt, veniunt, spectentur ut ipsae. (V. 3-7)

1. Analysiere und übersetze die Form **venare**.

2. Interpretiere, was dieser Ausdruck über die Rolle von Frau und Mann aussagt.

3. Stelle die vier Ausdrücke zusammen, mit denen Ovid umschreibt, was der Mann bei seiner Jagd „erbeuten" kann.

4. Vergleiche die Verben, die Ovid hier gebraucht. Zu welchen Bedeutungsgruppen kann man sie ordnen?

Nec te nobilium fugiat certamen equorum:
Multa capax populi commoda Circus habet. (V. 8 / 9)

1. Erläutere, was beim unpersönlichen Verbum fugit hinsichtlich des Kasusgebrauchs zu beachten ist.

2. Nenne einen anderen unpersönlichen Ausdruck, der genauso gebraucht wird.

3. Gib zu certamen das Verbum an. Was genau ist ein certamen im Unterschied zum Ausdruck proelium? Welche griffige Übersetzung für den Ausdruck certamen equorum gibt es?

4. Das Adjektiv capax leitet sich vom Verbum capere ab. Erläutere den Bedeutungszusammenhang.

Proximus a domina nullo prohibente sedeto;
Iunge tuum lateri, qua potes, usque latus.
Et bene, quod cogit, si nolis, linea iungi,
quod tibi tangenda est lege puella loci.
Hic tibi quaeratur socii sermonis origo
et moveant primos publica verba sonos:
Cuius equi veniant, facito, studiose, requiras,
nec mora, quisquis erit, cui favet illa, fave. (V. 10-17)

1. In den Versen 10 bis 23 werden fünf verschiedene Körperteile angesprochen. Nenne die lateinischen und deutschen Bezeichnungen. Überlege, weshalb hier – im Gegensatz zu den Versen 1 bis 9 – verstärkt auf die Körperlichkeit abgehoben wird.

2. Erläutere, wie in den Versen 12 und 13 die Zwangsläufigkeit des Geschehens ausgedrückt wird.

3. In den Versen 14 bis 17 finden sich verschiedene Wörter, die zum Sachfeld „Unterhaltung" gehören. Stelle sie zusammen. Worauf lässt diese Wortwahl durch Ovid schließen?

4. Nenne die beiden Verben aus den Versen 14 bis 16, die zur gleichen Wortfamilie gehören.

5. Erläutere, welchen Kasus das Verbum favere bei sich hat. Gib weitere Verben dieser Art an.

Utque fit: In gremium pulvis si forte puellae
deciderit, digitis excutiendus erit;
Etsi nullus erit pulvis, tamen excute nullum:
Quaelibet officio causa sit apta tuo! (V. 18-21)

1. Gib die deutsche Bedeutung des Wortes pulvis an. Inwiefern wird dieser Begriff in Vers 20 noch „gesteigert"?

2. Unter einem Paradoxon versteht man eine Aussage, die einen Widerspruch enthält, der nicht aufgelöst werden kann. Gib an, wo sich in den Versen 18 bis 21 ein solches Paradoxon findet. Welche Wirkung erzielt es im Textzusammenhang?

Respice praeterea, post vos quicumque sedebit,
ne premat opposito mollia terga genu. (V. 22/23)

1. Analysiere das Verbum respicere: Inwiefern gibt es die Blickrichtung an, die für den jungen Mann im Circus nun wichtig ist?

2. Erkläre, auf welche Person sich der Ausdruck mollia terga bezieht. Weshalb kommst du zu diesem Schluss?

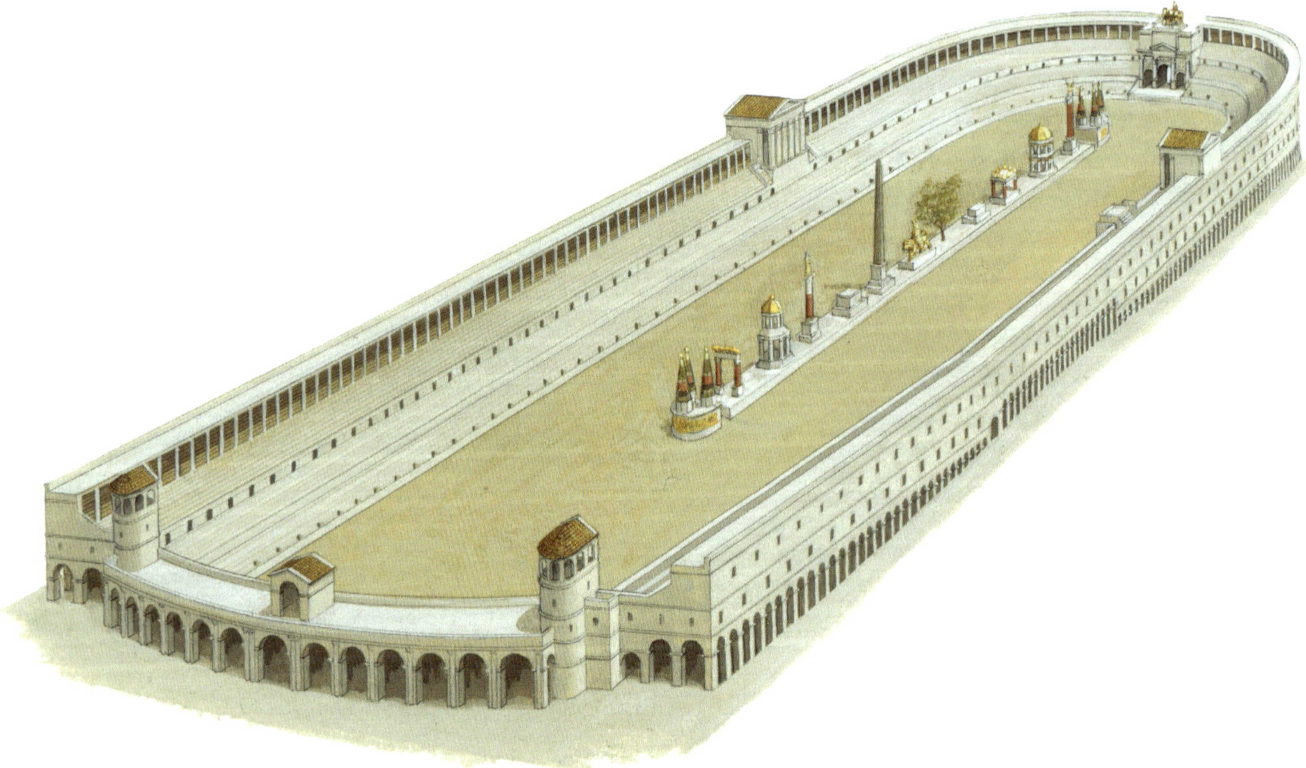

Circus Maximus. Rekonstruktionszeichnung von Peter Connolly.

Rom und Europa – Autorenspezifische Wortschatzarbeit

A Englisch und Latein

1. Führe die folgenden englischen Wörter auf ihren lateinischen Ursprung zurück.

to adore		debt	
angel		invasion	
to crucify		insane	

B Das Wortfeld „gehen“

1. Arbeite mit Hilfe eines Wörterbuchs den Unterschied zwischen folgenden Arten des Gehens heraus.

a) ire ______

b) vadere ______

c) ambulare ______

d) proficisci ______

2. Nenne weitere Verben, die zu diesem Wortfeld gehören.

C Das Präfix con-

1. Unter einem con-servus versteht man einen Mit-sklaven. Gib demgemäß die deutsche Übersetzung der folgenden Begriffe an.

condiscipulus		conscientia	
consanguineus		consonans	

D Witte nicht verbechseln

1. Achte genau auf die Unterschiede zwischen den folgenden Begriffen und übersetze sie.

miscere		misereri	
cella		stella	
valere		vadere	
nusquam		usque	

Rom und Europa – Textbezogene Wortschatzarbeit

Ausgangstext: Ulpian, Dig. 1,1,pr.-4; 10 (Lesebuch S. 122/123)

Ulpian (um 170–223 n. Chr.) ist der römische Jurist, der in den *Digesten* am häufigsten zitiert wird. Seine Aussagen füllen mehr als ein Drittel des Gesamtwerks. Der folgende Text stammt vermutlich aus dem Anfang eines Lehrbuches, das Ulpian für den Rechtsunterricht verfasste. Er gibt einen Überblick über die Einteilung und die Aufgaben der Rechtspflege:

Iuri operam daturum prius nosse oportet, unde nomen iuris descendat. Est autem a iustitia appellatum. Nam, ut eleganter Celsus definit: „Ius est ars boni et aequi." Cuius merito quis nos sacerdotes appellet. Iustitiam namque colimus et boni et aequi notitiam profitemur, aequum ab iniquo separantes, licitum ab illicito discernentes, bonos non solum metu poenarum, verum etiam praemiorum quoque exhortatione efficere cupientes, veram (nisi fallor) philosophiam, non simulatam affectantes.

Huius studii duae sunt positiones, publicum et privatum. Publicum ius est, quod ad statum rei Romanae spectat, privatum, quod ad singulorum utilitatem. Sunt enim quaedam publica utilia, quaedam privatim. Publicum ius in sacris, in sacerdotibus, in magistratibus consistit. Privatum ius tripertitum est: Collectum etenim est ex naturalibus praeceptis aut gentium aut civilibus.

Ius naturale est, quod natura omnia animalia docuit. Nam ius istud non humani generis proprium, sed omnium animalium, quae in terra, quae in mari nascuntur, avium quoque commune est. Hinc descendit maris atque feminae coniunctio, quam nos matrimonium appellamus, hinc liberorum procreatio, hinc educatio. Videmus etenim cetera quoque animalia, feras etiam, istius iuris peritia censeri. Ius gentium est, quo gentes humanae utuntur. Quod a naturali recedere facile intellegere licet, quia illud omnibus animalibus, hoc solis hominibus inter se commune sit. [...]

Iustitia est constans et perpetua voluntas ius suum cuique tribuendi. Iuris praecepta sunt haec: Honeste vivere, alterum non laedere, suum cuique tribuere. Iuris prudentia est divinarum atque humanarum rerum notitia, iusti atque iniusti scientia.

1 **operam dāre** *m. Dat.* etw. studieren *Oportet <hominem> iuri operam daturum prius no<vi>sse, unde*
1/2 **dēscendere** *hier:* herrühren
2 **iūstitia** Gerechtigkeit **ēlegāns, antis** geschickt, treffend **Celsus:** P. Iuventius Celsus *(→ EV)* **dēfinīre** definieren
3 **cūius meritō** deshalb
4 **nōtitia** Kenntnis **profitēri** öffentlich lehren
5 **sēparāre** trennen **licitum** das Erlaubte **illicitum** das Unerlaubte **discernere** unterscheiden
7 **exhortātiō, ōnis** Motivation, Ansporn **philosophia** Weisheit, Philosophie
8 **simulātus** scheinbar **affectāre** erstreben
9 **positiō, ōnis** *f* Aufgabenbereich
10 **spectāre ad** sich beziehen auf **status, ūs** Zustand **rēs** <pūblica>
11 **ūtilitās, ātis:** *Subst. zu* ūtilis, e
12 **prīvātim:** *Adv. zu* prīvātus
13 **cōnsistere** *hier:* gelten **tripertītus** dreigeteilt **colligī** *(Perf.* collectum*)* bestehen aus **etenim** nämlich
14 **nātūrālis, e** natürlich **praeceptum** Vorschrift **cīvīlis, e** *hier:* zum Zivilrecht gehörend
15 **iūs nātūrāle** Naturrecht **animal, is** *n* Lebewesen
17 **avis, is** Vogel
18 **mās, maris** Mann **coniūnctiō** Verbindung
19 **prōcreātiō** Zeugung **ēducātiō** Erziehung
21 **perītia** Kenntnis
22 **recēdere** *hier:* abweichen
24 **cōnstāns, antis** unwandelbar
26 **prūdentia** Kenntnis
27 **scientia** Wissen **in-iustus**

Iuri operam daturum prius nosse oportet, unde nomen iuris descendat. Est autem a iustitia appellatum. Nam, ut eleganter Celsus definit: „Ius est ars boni et aequi.“ (Z. 1-3)

1. Nenne die deutsche Bedeutung des unpersönlichen Ausdrucks **oportet**. Wie lauten folgende Ausdrücke auf Lateinisch?
a) es ist nötig b) es ist erlaubt c) es ist wichtig

2. Nenne die beiden Substantive, die der Autor miteinander in Zusammenhang bringt. Überzeugt dich seine Begriffserklärung?

3. Nenne das Substantiv, das zur gleichen Wortfamilie wie **definire** gehört. Was haben die beiden Begriffe von ihrer Bedeutung her gemeinsam?

Cuius merito quis nos sacerdotes appellet. Iustitiam namque colimus et boni et aequi notitiam profitemur, aequum ab iniquo separantes, licitum ab illicito discernentes, bonos non solum metu poenarum, verum etiam praemiorum quoque exhortatione efficere cupientes, veram (nisi fallor) philosophiam, non simulatam affectantes. (Z. 3-8)

1. Erschließe anhand der folgenden kurzen Ausdrücke die verschiedenen Bedeutungen des Verbums **colere**.
a) agros colere b) bonos mores colere c) deos colere

2. Erschließe nun die Bedeutung, die **colere** in unserem Text hat; bedenke dabei, dass kurz zuvor von **sacerdotes** die Rede ist.

3. Mit Hilfe von vier Partizipien erläutert Ulpian nun genauer, wie er und die anderen **sacerdotes** zu Werke gehen. Nenne und übersetze diese Partizipien. Was fällt dir hinsichtlich deren Bedeutung auf?

4. Der Text enthält drei Paare gegensätzlicher Wörter. Nenne und übersetze diese.

5. Auch dem dritten der vier Partizipien sind zwei gegensätzliche Ausdrücke zugeordnet. Sie werden durch **non solum ... verum etiam** verbunden. Gib die Ausdrücke an und übersetze sie.

> Huius studii duae sunt positiones, publicum et privatum. Publicum ius est, quod ad statum rei Romanae spectat, privatum, quod ad singulorum utilitatem. Sunt enim quaedam publica utilia, quaedam privatim. Publicum ius in sacris, in sacerdotibus, in magistratibus consistit. Privatum ius tripertitum est: Collectum etenim est ex naturalibus praeceptis aut gentium aut civilibus. (Z. 9-14)

1. Erkläre, inwiefern die Wortwahl im ersten Satz eine Strukturierung des folgenden Abschnitts vorgibt.

2. Stelle dar, wie der Autor die Begriffe publicum ius und privatum (ius) definiert. Welche Stilmittel fallen dir dabei ins Auge? Weshalb werden sie hier so gehäuft verwendet?

3. Im nächsten Satz vermeidet der Autor bewusst einen erneuten Parallelismus, indem er mit den Wortarten spielt. Nenne die entsprechenden lateinischen Wörter. Welche Wirkung auf den Leser wird damit erzielt?

4. Erläutere, was sich nun an die Definition der Begriffe publicum ius und privatum ius anschließt.

5. Gib an, wie viele Teilaspekte des öffentlichen Rechts Ulpian nennt. Inwiefern macht die sprachliche Gestaltung der Aufzählung das Erfassen des Inhalts leichter?

6. Betrachte den Begriff tripertitum, der „dreigeteilt“ bedeutet. Aus welchen Elementen besteht er?

7. Stelle dar, wie es dem Autor gelingt, dem Leser auf den ersten Blick zu vermitteln, dass auch das private Recht aus drei Teilbereichen besteht.

> Ius naturale est, quod natura omnia animalia docuit. Nam ius istud non humani generis proprium, sed omnium animalium, quae in terra, quae in mari nascuntur, avium quoque commune est. Hinc descendit maris atque feminae coniunctio, quam nos matrimonium appellamus, hinc liberorum procreatio, hinc educatio. Videmus etenim cetera quoque animalia, feras etiam, istius iuris peritia censeri. (Z. 15-21)

1. Gib an, zu welcher Wortfamilie der Ausdruck animal gehört. Was bedeutet dieses Wort demgemäß?

2. Nenne das Adjektiv, das im Text mit proprium korrespondiert. Erläutere danach, welchen Kasus die beiden Wörter bei sich haben.

3. Gib an, wie diese beiden Adjektive im Text miteinander verknüpft werden.

4. Ulpian gibt drei verschiedene Arten von animalia an. Stelle zusammen, wie er sie bezeichnet. Was fällt dir dabei auf?

5. Gib die konträren Begriffe an, die sich im folgenden Satz finden. Wie sind sie in diesem Zusammenhang zu übersetzen?

6. Stelle die Wörter zusammen, die das drei Mal wiederholte hinc miteinander verbindet. Was haben diese Begriffe gemeinsam?

7. Erläutere den Unterschied zwischen den Wörtern animal und fera.

Ius gentium est, quo gentes humanae utuntur. Quod a naturali recedere facile intellegere licet, quia illud omnibus animalibus, hoc solis hominibus inter se commune sit. (Z. 21-23)

1. Vergleiche Ulpians Verständnis des ius gentium mit seiner Erklärung des ius naturale. Welche Gruppe von Akteuren ist jeweils betroffen?

2. Nenne die zwei kontrastierenden Wörter, mit denen der Autor dem Leser die Unterscheidung zwischen beiden Konzepten erleichtert.

Iustitia est constans et perpetua voluntas ius suum cuique tribuendi. Iuris praecepta sunt haec: Honeste vivere, alterum non laedere, suum cuique tribuere. Iuris prudentia est divinarum atque humanarum rerum notitia, iusti atque iniusti scientia. (Z. 24-27)

1. Nenne den Begriff, von dem dieser Abschnitt handelt. Auf ihn wird wiederholt durch verschiedene Ausdrücke der gleichen Wortfamilie hingewiesen. Nenne auch diese in den Formen, die im Text gebraucht werden.

2. Nenne die gegensätzlichen Begriffe, die der Autor gegen Ende des Textes verwendet.

3. Die beiden letzten Sätze beginnen mit den Ausdrücken iuris praecepta und iuris prudentia. Vergleiche diese beiden Wendungen.

2. Teil: Grammatik und Übersetzung

Nepos

Ausgangstext: Nepos, Hann. 1 (Lesebuch S. 7)

Hannibal, Hamilcaris filius, Carthaginiensis. Si verum est – quod nemo dubitat –, ut populus Romanus omnes gentes virtute superarit, non est infitiandum Hannibalem tanto praestitisse ceteros imperatores prudentia, quanto populus Romanus antecedat fortitudine cunctas nationes. Nam quotienscumque cum eo congressus est in Italia, semper discessit superior. Quod nisi domi civium suorum invidia debilitatus esset, Romanos – ut videtur – superare potuisset. Sed multorum obtrectatio devicit unius virtutem.
Hic autem velut hereditate relictum odium paternum erga Romanos sic conservavit, ut prius animam quam id deposuerit, qui quidem, cum patria pulsus esset et alienarum opum indigeret, numquam destiterit animo bellare cum Romanis.

1 **Hamilcar, caris** *(→ EV)* **Carthāginiēnsis** aus Karthago **vērum est:** *hier: m.* ut-*Satz*

3 **īnfitiārī** leugnen **praestāre** *hier: m. Akk.*

4 **antecēdere** übertreffen

5 **quotiēnscumque** sooft

6 **superior** *hier:* als Sieger **quod nisi** wenn also nicht

8 **obtrectātiō** Anfeindung

9 **paternus:** *zu pater*

10 **id** ~ odium

11 **quī:** *bezogen auf hic*

12 **bellāre:** *zu* bellum

GR 1 Analyse und Übersetzung eines lateinischen Satzes

Bei den lateinischen Originaltexten wirst du immer wieder auf längere und im Satzbau komplizierte Sätze stoßen. Im Ausgangstext könnte z. B. gleich der zweite Satz (Z. 1-5) Schwierigkeiten bereiten.

Folgende Vorgehensweise hat sich bewährt:

1. **Suche zunächst alle Nebensätze und markiere die Nebensatz-Einleitung sowie das Prädikat. Sätze ohne Nebensatz-Einleitung sind Hauptsätze.**
   MERKE: Im Lateinischen gibt es drei Arten von Nebensätzen:
   - Subjunktionalsatz: eingeleitet mit einer Subjunktion (cum, dum, ne, postquam, quamquam ...)*
   - Relativsatz: eingeleitet mit einem Relativpronomen (qui, quae, quod)
   - Indirekter (oder abhängiger) Fragesatz: eingeleitet mit einem Fragewort, das Prädikat steht im Konjunktiv.

   * Manchmal macht es Probleme zu entscheiden, ob ein Bindewort eine Konjunktion (beiordnendes Bindewort in Hauptsatz und Nebensatz) oder eine Subjunktion (unterordnendes Bindewort, d. h. Nebensatz-Einleitung) ist. Da sich hier das Deutsche in keinem Fall vom Lateinischen unterscheidet, ist folgende Entscheidungshilfe möglich:
   - *Ermittle genau die Bedeutung des Bindeworts (z. B.* quamquam *obwohl).*
   - *Bilde in Gedanken einen beliebigen deutschen (nicht zu kurzen) Satz, in dem das besagte Bindewort vorkommt. Beispiel: Wir spielten gestern Nachmittag lange im Freien, obwohl es die ganze Zeit heftig regnete.*
   - *Im Deutschen gibt es bzgl. der Stellung des finiten Teils des Prädikats folgende Regel: Im Hauptsatz steht die finite Prädikatsform an zweiter Stelle der Satzglieder, im Gliedsatz an letzter Stelle. Wenn du auf der Grundlage dieser Regel den Beispielsatz anschaust, erkennst du, dass die finite Prädikatsform „regnete" im obwohl-Satz an letzter Stelle steht. Daraus kannst du den Schluss ziehen, dass „obwohl" einen Gliedsatz einleitet, also eine Subjunktion sein muss.*
2. **Beginne mit der Analyse des Hauptsatzes und bestimme (erstens) das Prädikat und (zweitens) das Subjekt (das ggf. im Prädikat verborgen sein kann). Drittens sollte unbedingt nach Partizipien gesucht werden;** ist ein solches im Satz, dann aufgrund der Endung sofort zuordnen und ggf. die dabei zu erkennende satzwertige

Konstruktion bestimmen, z. B. Participium coniunctum oder Ablativus absolutus (s. u. **GR 6**). Danach die verbleibenden Wörter im Satz (aufgrund der Endung) richtig bestimmen und an der Stelle, wo sie im lateinischen Satz stehen, auch im Deutschen übersetzen.

3. **Danach mit den Nebensätzen in gleicher Weise verfahren.** Parenthesen zunächst völlig unbeachtet lassen und erst ganz am Schluss einfügen.

(Hinweis: Verschiedene Methoden der Satzanalyse werden unter **GR 8** vorgestellt.)

1. Textbeispiel (S. 26, Z. 1-5):

NS1 Si verum est,
NS2 ut populus Romanus omnes gentes virtute superarit,
HS non est infitiandum
Hannibalem tanto praestitisse ceteros imperatores prudentia (AcI),
NS1 quanto populus Romanus antecedat fortitudine cunctas nationes.

Anmerkungen:

- Die Parenthese ist weggelassen; diese später wörtlich hinter NS1 (Z. 1) einfügen.
- Bei Nebensatz-Einleitungen ggf. schauen, ob es im übergeordneten Satz Signalwörter gibt, die auf diese hinführen (z. B. tanto – quanto oder sic – ut).
- Bei der Analyse und Übersetzung ggf. schon auf markante Stilmittel achten, die Hilfen für das Verständnis geben können; hier z. B. in den beiden letzten Teilsätzen:
  tanto – praestitisse – ceteros imperatores – prudentia
  quanto – antecedat – fortitudine – cunctas nationes
  Parallelismus mit Chiasmus und Antithese (vgl. dazu auch NS2)

2. Erstelle jeweils eine Satzanalyse.

- S. 26, Z. 9-12

- Ad Alpes postquam Hannibal venit, quae Italiam ab Gallia seiungunt quasque nemo umquam cum exercitu ante eum praeter Herculem transierat, Alpicos conantes prohibere transitu (transitus, us Durchmarsch) occidit, loca patefecit (patefacere zugänglich machen), itinera munivit, effecit, ut ea (via) elephantus ornatus (Kriegselefant) ire posset, qua antea unus homo inermis vix repere (kriechen) posset.

GR 2 Die Wörtchen ut und cum

ut

a) Adverb
- Perge, ut instituisti! Mach weiter, wie du begonnen hast!
- Ut initium, sic finis est. Wie der Anfang, so (ist) das Ende.

b) Temporale Subjunktion mit Indikativ
- Ut Romam veni, statim ad senatum rettuli. Sobald ich nach Rom gekommen war, berichtete ich sofort vor dem Senat.

  Merke: ut (primum), ubi (primum) mit Ind. Perfekt: sobald

c) Finale Subjunktion mit Konjunktiv (zur Angabe eines Zwecks)
- Nostri se receperunt, ut hostes fallerent. Die Unsrigen zogen sich zurück, damit sie die Feinde täuschten / um die Feinde zu täuschen.

d) Konsekutive Subjunktion mit Konjunktiv (zur Angabe einer Folge)
- Galli sic territi sunt, ut statim fugerent. Die Gallier erschraken so, dass sie sofort flohen.

e) Subjunktion zur Einleitung eines Subjekt- oder Objektsatzes
- Eo die accidit, ut hostes ex insidiis aggrederentur. An diesem Tag geschah es, dass die Feinde aus einem Hinterhalt angriffen.

cum

a) Präposition mit Ablativ („mit")
- Cum istis hostibus acerrime pugnandum est. Mit diesen Feinden muss sehr leidenschaftlich gekämpft werden.
- Sapiens secum beatus vivit. Ein Weiser lebt mit sich (allein) glücklich.

b) Subjunktion mit Indikativ
- Zeitliches cum („als"):
  Eo tempore, cum Caesar in Galliam venit, inter gentes bellum erat. Zu dem Zeitpunkt, als Caesar nach Gallien kam, herrschte Krieg unter den Stämmen.
- cum zum Ausdruck einer wiederholten Handlung („immer wenn"):
  Cum istum virum video, terreor. Immer wenn ich diesen Mann sehe, erschrecke ich.
- „Umgedrehtes cum" (weil das Wichtige nicht im Hauptsatz, sondern im Nebensatz steht) („als"):
  Cenabamus, cum amicus nuntiavit Caesarem interfectum esse. Wir aßen gerade, als ein Freund meldete, Caesar sei ermordet worden.

c) Subjunktion mit Konjunktiv
- Erzählendes cum („als"):
  Cum victoria nuntiaretur, senatus sacrificium ante templum Iovis decrevit. Als der Sieg gemeldet wurde, beschloss der Senat ein Opfer vor dem Jupiter-Tempel.
- Begründendes (kausales) cum („weil/da"):
  Cum vita sine amicis tristis sit, ratio monet, ut amicitias paremus. Weil ein Leben ohne Freunde traurig ist, mahnt die Vernunft, Freundschaften zu schließen.
- „Einräumendes" (konzessives) cum („obwohl"):
  Socrates, cum e custodia effugere posset, noluit. Obwohl Sokrates aus dem Gefängnis fliehen konnte, wollte er dies nicht.
- Einen Gegengrund verdeutlichendes (adversatives) cum („während"):
  Soli homini ratio est, cum cetera animalia sensui soli pareant. Allein der Mensch hat Verstand, während (dagegen) die übrigen Lebewesen allein dem Gefühl gehorchen.

ut	wie, sobald	dass, damit / um zu, (so) dass
cum	(zu der Zeit) als, als plötzlich, immer wenn	als / nachdem, da / weil, obwohl, während (dagegen)

Vorgehensweise: Bei „ut" und „cum" immer zuerst auf den Modus achten. Dann vom Kontext des Gesamtsatzes aus abwägen, welche Bedeutung die sinnvollste ist.

1. Textbezug:
- Bestimme und übersetze „ut" und „cum" im Ausgangstext (S. 26) beim jeweiligen Vorkommen in den Zeilen 2, 5, 7, 10 und 11.

2. Übersetze:

RÖMISCHER ANGRIFF AUF EIN GALLISCHES OPPIDUM

a) Nostri cum oppidum Gallorum primum aggrediebantur, ab hostibus ex oppido ruentibus repulsi sunt.

b) Ut autem auxilia arcessita milites nostros iuverunt, Galli in oppido manserunt et saxa iactantes restiterunt.

c) Cum Romani sociique acerrime pugnarent, oppidum tertio die expugnatum est (expugnare erobern).

d) Cum imperator facinora vetuisset, milites victores rapientes et spoliantes omnia deleverunt et accenderunt, ut oppidum flammis plane exstinctum esset.

e) Plurimi hostium viri interfecti sunt, cum feminae liberique in servitutem abducerentur.

Panzerstatue Cäsars. 2. Jh. n. Chr. Rom, Senatorenpalast.

GR3 Konjunktivische Relativsätze

Ein Relativsatz (mit Indikativ) bestimmt – im Lateinischen wie im Deutschen – ein Nomen des übergeordneten Satzes näher (Puella, quae flet, dolet.). Im Lateinischen kann aber ein bestimmter NEBENSINN zusätzlich hinzutreten; dies wird dadurch verdeutlicht, dass das Prädikat im Konjunktiv steht. Bei der Übersetzung müssen wir in diesem Fall versuchen, die jeweilige Sinnrichtung aus dem Kontext zu erfassen und entweder durch passende Ergänzungen zum Relativpronomen oder durch eine passende Subjunktion wiederzugeben.

Die vier häufigsten Sinnrichtungen sind:

a) Finaler Nebensinn: Legati missi sunt, qui pacem peterent. Gesandte wurden geschickt, die Frieden erbitten sollten / um Frieden zu erbitten / damit sie Frieden erbaten.

b) Kausaler Nebensinn: Caesar, qui peritissimus esset, semper consilia recta iniit. Caesar, der ja sehr erfahren war / Weil Caesar sehr erfahren war, traf (er) stets richtige Entscheidungen.

c) Konzessiver Nebensinn: Imperator, qui vulneratus esset, in primam aciem properavit. Der Feldherr, der doch verwundet war / Obwohl der Feldherr verwundet war, eilte (er) in die vorderste Kampflinie.

d) Konsekutiver Nebensinn (d. h. jemand ist „von der Art, dass er ...“; dieser Nebensinn kommt häufig nach Ausdrücken wie „multi sunt, qui“ oder „nemo est, qui“ vor; in der dt. Übersetzung kann er meist nicht durch einen besonderen Zusatz deutlich gemacht werden, vereinzelt passt aber das Modalverb „können“): Multi sunt, qui Caesarem maximum omnium imperatorum ducant. Es gibt viele, die Caesar für den bedeutendsten aller Feldherrn halten.

1. Textbezug:
Suche heraus, wo im Ausgangstext (S. 26) ein konjunktivischer Relativsatz vorliegt, erschließe aus dem Kontext die Sinnrichtung und übersetze.

2. Übersetze:

CATO DER ÄLTERE

Dieser bekannte Römer lebte 243-149 v.Chr. Er nahm an den Feldzügen gegen Roms Erzfeind Hannibal teil. Er war vom römischen Wertesystem seiner Zeit (Einsatzwille, Sparsamkeit, Moralität, Religiosität) in hohem Maße überzeugt. Deswegen bekämpfte er alle außerrömischen Einflüsse und Entwicklungen: Zeit seines Lebens setzte er sich für die endgültige Vernichtung Karthagos, der Heimat Hannibals, ein und versuchte auch die griechische Kultur (Philosophie, Rhetorik, Literatur, Kunst) von Rom fernzuhalten, obwohl er erkannte, dass die Griechen für verschiedene Wissensbereiche sehr wertvolle Literatur geschaffen hatten (Medizin, Landwirtschaft).

a) Cato, qui semper acerrime rem publicam curabat, etiam compluribus proeliis fortiter contra Poenos pugnavit.

b) Cum in senatu orationem finiebat, dicebat milites Romanos in Africam mittendos esse, qui Carthaginem delerent.

c) Is vir, qui Graecos non diligeret, tamen eorum linguam senex didicit.

d) Quo modo Cato, qui filium suum a litteris Graecorum prohibere (fernhalten) vellet, ipse libros Graecorum legere poterat et partes eorum in linguam Latinam vertebat; quos libros Latine scriptos tum filio legendos dedit.

e) Sunt multi, qui eius scripta magna laude digna esse dicant.

Caesar

Ausgangstext: Caesar, Gall. 1,2-3 (Lesebuch S. 24-25)

2 1 Apud Helvetios longe nobilissimus fuit et ditissimus Orgetorix. Is – M. Messalla et M. Pupio Pisone consulibus – regni cupiditate inductus coniurationem nobilitatis fecit et civitati persuasit, ut de finibus suis cum omnibus copiis exirent; 2 perfacile esse, cum virtute omnibus praestarent, totius Galliae imperio potiri. 3 Id hoc facilius eis persuasit, quod undique loci natura Helvetii continentur: una ex parte flumine Rheno latissimo atque altissimo, qui agrum Helvetium a Germanis dividit; altera ex parte monte Iurā altissimo, qui est inter Sequanos et Helvetios; tertia lacu Lemanno et flumine Rhodano, qui provinciam nostram ab Helvetiis dividit. 4 His rebus fiebat, ut et minus late vagarentur et minus facile finitimis bellum inferre possent: Qua ex parte homines bellandi cupidi magno dolore afficiebantur. 5 Pro multitudine autem hominum et pro gloria belli atque fortitudinis angustos se fines habere arbitrabantur, qui in longitudinem milia passuum CCXL, in latitudinem CLXXX patebant.

[1] **dītissimus:** *Superl. zu* dīvēs **Orgetorīx, īgis** *(→ EV)* **M. Messalla / M. Pūpius Pīsō** *(→ EV)*

[2] **perfacilis, e:** per- *verstärkt das Adj.* *<Orgetorīx dīxit> perfacile esse* **potīrī** *m. Abl.* sich bemächtigen

[3] **hōc** *m. Komp.* umso **unā ex parte ... alterā ex parte ... tertiā** <ex parte> auf der einen Seite ... auf der anderen Seite ... **Rhēnus** *(→ EV und Karte S. 67)* **mōns Iura** das Juragebirge **lacus Lemannus** der Genfer See

[4] **vagārī** umherziehen **bellāre** Krieg führen

[5] **fortitūdō, inis / longitūdō, inis / lātitūdō, inis:** *Substantive zu* fortis, longus, lātus **CCXL** ducenta quadrāgintā **CLXXX** centum octōgintā

3 1 His rebus adducti et auctoritate Orgetorigis permoti constituerunt ea, quae ad proficiscendum pertinerent, comparare, iumentorum et carrorum quam maximum numerum coemere, sementes quam maximas facere, ut in itinere copia frumenti suppeteret, cum proximis civitatibus pacem et amicitiam confirmare. 2 Ad eas res conficiendas biennium sibi satis esse duxerunt. In tertium annum profectionem lege confirmant. 3 Ad eas res conficiendas Orgetorix deligitur. 4 Is sibi legationem ad civitates suscepit. In eo itinere persuadet Castico Catamantaloedis filio Sequano, cuius pater regnum in Sequanis multos annos obtinuerat et a senatu populi Romani amicus appellatus erat, ut regnum in civitate sua occuparet, quod pater ante habuerat. 5 Itemque Dumnorigi Haeduo, fratri Diviciaci, qui eo tempore principatum in civitate obtinebat ac maxime plebi acceptus erat, ut idem conaretur, persuadet, eique filiam suam in matrimonium dat.

[1] **iūmentum** Zugtier **coemere** aufkaufen **sēmentis, is** *f* Aussaat **suppetere** ausreichend zur Verfügung stehen **proximus** der nächste

[2] **biennium** Zeitraum von zwei Jahren **profectiō, ōnis:** *Subst. zu* proficīscī

[4] **sibi:** *Dat. des Vorteils* **Casticus ...** *(→ EV)*

[5] **principātus, ūs** Führungsposition **plēbī acceptus** beim Volk beliebt **in mātrimōnium dare** zur Frau geben

6 Perfacile factu esse illis probat conata perficere, propterea quod ipse suae civitatis imperium obtenturus esset; 7 non esse dubium, quin totius Galliae plurimum Helvetii possent; se suis copiis suoque exercitu illis regna conciliaturum confirmat. 8 Hac oratione adducti inter se fidem et ius iurandum dant, et regno occupato per tres potentissimos ac firmissimos populos totius Galliae sese potiri posse sperant.

[6] **perfacile factū** sehr leicht zu tun **cōnātum:** *Subst. zu* cōnārī
[7] **dubium** Zweifel
nōn esse dubium <dīxit>
Galliae plūrimum posse in Gallien den größten Einfluss haben **conciliāre alicui aliquid** jdm. etw. verschaffen
conciliātūrum <esse>
[8] **inter sē fidem et iūs iūrandum dare** sich gegenseitig durch Eide verpflichten **potīrī** *m. Gen.* sich bemächtigen

GR 4 Gerund(ium)

Die lateinische Sprache kennt zwei sog. nd-Formen: das Gerund(ium) und das Gerundiv(um). Im Folgenden wollen wir beide Erscheinungen zunächst getrennt genauer betrachten.

Das **Gerund(ium)**
- ist der deklinierte Infinitiv,
- also ein substantiviertes Verb
- und hat stets aktive Bedeutung.

Somit handelt es sich um eine grammatische Erscheinung, die es auch im Deutschen gibt.

Formen (am Beispiel canere – singen):

Nom.	canere	Canere mihi placet. (Das) Singen macht mir Spaß. / Es macht mir Spaß zu singen.
Gen.	can**endi**	Ars canendi difficilis est. Die Kunst des Singens / zu singen ist schwer.
Dat.	–	*(Kommt kaum vor.)*
Akk.	canere	Canere diligo. Ich liebe das Singen / es zu singen.
	ad can**endum**	Ad canendum voce pulchra opus est. Zum Singen braucht man eine schöne Stimme.
Abl.	can**endo**	Canendo alios delectare potes. Durch Singen kannst du andere erfreuen.

Erläuterungen:
- Wenn die Nom.- und Akk.-Formen im Infinitiv vorkommen, ist die Übersetzung kein Problem. Ansonsten muss man sich nur drei Endungen merken (Gen. auf -ndi, Akk. mit ad auf -ndum, Abl. auf -ndo).
- Ein Gerund kann durch ein Adverb inhaltlich ergänzt werden. Beispiel: Pulchre canendo alios delecto. Durch mein schönes Singen (wörtlich: „durch schön Singen") erfreue ich andere.
- Verwechselt werden kann das Gerund mit dem Gerundiv (siehe **GR 5**). Der wesentliche Unterschied und das Erkennungsmerkmal ist die Tatsache, dass sich eine **Gerundiv**-Form durch die Endung IMMER auf ein Bezugswort bezieht, **ein Gerund** hingegen NIE!

1. Textbezug (Ausgangstext S. 31-32):
- 2,4: Qua ex parte *homines* **bellandi** *cupidi* magno dolore afficiebantur. Unter diesem Umstand litten die Menschen, die begierig danach waren, **Krieg zu führen** / die sich nach Krieg sehnten, sehr. (cupidi bezieht sich als Form im Nom. Pl. auf homines, bellandi ist Gerund im Genitiv, abhängig von cupidi; also steht die Gerund-Form allein.)
- 3,1: His rebus adducti ... constituerunt ea, quae **ad proficiscendum** pertinerent, comparare. Durch diese Umstände veranlasst ... beschlossen sie, (all) das, was sich **auf das Aufbrechen** / auf den Aufbruch bezog, vorzubereiten. (Die Konjunktiv-Form pertinerent ist hier dadurch zu erklären, dass ein Nebensatz, der von einer Infinitivkonstruktion abhängt, in der Regel im Konjunktiv steht.)

2. Übersetze:

a) Caesar sibi paucos dies ad deliberandum (deliberare überlegen) sumpsit.

b) Caesar sciebat Dumnorigem cupiditate regendi adductum novis rebus studere (novis rebus studere einen Umsturz planen).

c) Acerrime aggrediendo nostri milites hostes perterruerunt.

GR 5 Gerundiv(um)

Das **Gerundiv(um)**
- ist ein Verbaladjektiv (d. h. ein Adjektiv, das von einem Verb gebildet wird),
- kann attributiv und prädikativ verwendet werden
- und hat passive Bedeutung.

Formen:
Die Formen des Gerundivs werden von Präsensstamm eines Verbs gebildet, an den die Endung -ndus, a, um angehängt wird. Diese Formen werden also wie ein Adjektiv der a/o-Deklination dekliniert.

Erläuterungen:
- Ein Gerundiv kann erstens **als Attribut** (nähere Bestimmung) zu einem Substantiv (in Übereinstimmung nach Kasus/Genus/Numerus) hinzutreten:
  → Adjektiv: opus praeclarum ein großartiges Werk
  → Gerundiv: opus laudandum ein „zu lobendes" Werk / ein lobenswertes Werk (das Werk wird gelobt; dies zeigt, dass ein Gerundiv passive Bedeutung hat)
  → Ein solcher Ausdruck kann im Satz in jedem Kasus erscheinen, z. B. im Ablativ: Pro opere laudando auctor magno honore affectus est. Für sein lobenswertes Werk ist der Schriftsteller hoch geehrt worden.
- Ein attributives Gerundiv wird im Lateinischen manchmal genau so verwendet wie ein Gerund, zu dem ein Objekt hinzutritt:
  → cupido monumentum spectandi (Gerund) der Wunsch, das Denkmal zu betrachten (wörtlich: der Wunsch des Betrachtens > wen oder was? > das Denkmal)
  → cupido monumenti spectandi (Gerundiv) der Wunsch, das Denkmal zu betrachten (wörtlich: der Wunsch des zu betrachtenden Denkmals)

  Die Übersetzung ist in beiden Fällen identisch.
- Ein Gerundiv kann zweitens **als Prädikatsnomen** zusammen mit dem Hilfsverb esse das Prädikat bilden:
  → Adjektiv + esse: Opus praeclarum est. Das Werk ist großartig.
  → Gerundiv + esse: Opus landandum est. Das Werk ist zu loben / muss gelobt werden / ist lobenswert. (Merke: Ein **prädikatives Gerundiv** hat IMMER den Sinnaspekt, dass etwas **getan werden muss / soll** bzw., wenn es verneint ist, **nicht getan werden darf**.)
  → Das Gerundiv, das zu dem Hilfsverb esse hinzutritt, bezieht sich in Kasus (immer Nominativ), Genus und Numerus auf das Subjekt des Satzes, so dass man von der Endung des Gerundivs auf das Subjekt schließen kann (laudandus > maskulin Singular). Bei unpersönlichen Verben (z. B. parere gehorchen) steckt das Subjekt im Prädikat und ist mit „es" oder „man" zu übersetzen (parendum est man muss gehorchen).

- Zum prädikativen Gerundiv kann ein normales Dativ-Objekt oder der sog. Dativ des Urhebers (Dativus auctoris) hinzutreten. Welche Funktion der Dativ im Einzelfall hat, ist nur aus dem Kontext zu erschließen:
  → **Pauperibus** auxilium ferendum est. Den Armen (Dativ-Objekt) muss geholfen werden.
  → Id **nobis** agendum est. Dies muss von uns (lat.: Dativ des Urhebers) geleistet werden. / Dies müssen wir (lat.: Dativ des Urhebers) leisten!
  → Uxori parendum est. Der Ehefrau (Dativ-Objekt) muss gehorcht werden. ODER: Die Ehefrau (Dativ des Urhebers) muss gehorchen.

ZUSAMMENFASSUNG:
- Ein **Gerund** kommt nur mit den Endungen -ndi (Gen.), ad ... -ndum (Akk.) und -ndo (Abl.) vor, steht als Form allein, kann aber durch Adverbien oder Objekte ergänzt werden (z. B. ars pulchre canendi die Kunst, schön **zu** singen).
- Ein **attributives Gerundiv** ergänzt als Attribut (wie ein Adjektiv) ein Substantiv, mit dem es bzgl. der Endung nach KNG übereinstimmt (occasio hostium temptandorum die Gelegenheit, die Feinde an**zu**greifen / die Gelegenheit **zum** Angriff auf die Feinde).
  → In diesen beiden Fällen kann man immer mit „**zu / zum / zur**“ übersetzen.
- Ein **prädikatives Gerundiv** kommt stets im Zusammenhang mit dem Hilfsverb esse vor; es hat die Bedeutung, dass etwas getan werden muss oder (verneint) nicht getan werden darf (haec facta laudanda sunt diese Taten sind zu loben / müssen gelobt werden).

1. Textbezug (Ausgangstext S. 31-32):
- 1,3: Minime ... ad eos mercatores saepe commeant atque ea, quae **ad effeminandos animos** (attributives Gerundiv) pertinent, important. Ganz selten kommen zu diesen Kaufleute, die das einführen, was **zur Verweichlichung ihrer Lebensweise / der Menschen** führt.
- 3,2: **Ad eas res conficiendas** (attributives Gerundiv) biennium sibi satis esse duxerunt. **Zur Umsetzung dieser Vorhaben** hielten sie einen Zeitraum von zwei Jahren für ausreichend.
- 7,4: Caesar ... (hoc) **concedendum (esse)** (prädikatives Gerundiv) non putabat. Caesar glaubte nicht, dass dies **erlaubt werden dürfe / zu erlauben sei**.

2. Übersetze die folgenden Sätze. Betrachte dabei jeweils die nd-Form und entscheide, ob Gerund, attributives Gerundiv oder prädikatives Gerundiv vorliegt.

EIN GALLISCHER ADELIGER STACHELT ZUM KAMPF GEGEN DIE RÖMER AN:

a) Cupido imperii et divitiarum Romanis semper est causa bellandi (bellare Krieg führen).

b) Audendo et bella ex bellis serendo (serere aneinanderreihen) Romani magni facti sunt.

c) Itaque summis viribus nobis contendendum est, ut Romanos e Gallia expellamus.

d) Nobis patiendum non est, ut Romani nostra oppida expugnent (expugnare erobern) nosque in servitutem abducant.

e) Ne dederitis istis facultatem (Möglichkeit) imperii augendi!

f) Dabimus istis, si cras (morgen) eorum castra aggrediemur, nec spatium consilii ineundi nec arma capiendi!

GR 6 Partizipialkonstruktionen

Wenn man Prädikat und Subjekt in einem Teilsatz (HS oder NS) bestimmt hat, sollte man unbedingt als nächstes nach Partizipien Ausschau halten. Betrachten wir zunächst die Arten und das Vorkommen von Partizipien:

a) Arten von Partizipien:

- Partizip Präsens Aktiv (PPA) : z. B. amans, ntis liebend; ludens, ntis spielend
- Partizip Perfekt Passiv (PPP): z. B. vocatus, a, um gerufen; victus, a, um besiegt
- Partizip Perfekt Aktiv bei Deponentien: z. B. arbitratus, a, um „gemeint habend", in der Meinung
- Partizip Futur Aktiv (PFA): z. B. venturus, a, um im Begriff zu kommen, „kommen wollend"

b) Vorkommen im lateinischen Satz:

→ **Alleinstehend** (substantiviert) als **Subjekt oder Objekt** (selten):

- Laudati gaudebant. Die Gelobten freuten sich.
- Coepta pergamus! Lasst uns das Begonnene fortsetzen!

  Ein alleinstehendes Partizip wird wie ein Substantiv übersetzt.

→ Als **Participium coniunctum** (in KNG-Kongruenz mit einem Nomen) in allen Kasus (wobei das Partizip direkt an das Nomen angehängt ist oder zwischen Nomen und Partizip eine Ergänzung hinzutritt):

a) Partizip alleine:

- Vidimus multos Gallos fugientes. Wir sahen viele fliehende Gallier / viele Gallier, die flohen.
- Pugnemus pro imperatore interfecto! Lasst uns für unseren ermordeten Feldherrn kämpfen!
- Hostes aggressuros pepulimus. Wir haben die Feinde vertrieben, die (gerade) angreifen wollten.

  Ein alleinstehndes Partizip kann meist wörtlich oder mit Relativsatz übersetzt werden.

b) Partizip mit Ergänzung:

- Vidimus Gallos timidos ex oppido fugientes. Wir sahen verängstigte, aus der Festung fliehende Gallier / verängstigte Gallier, die aus der Festung flohen / verängstigte Gallier, als sie aus der Festung flohen. (Beachte: Ein PPA ist immer gleichzeitig zum übergeordneten Verb. Steht dies – wie hier – in einem Vergangenheitstempus, muss das PPA also auch mit einem Vergangenheitstempus übersetzt werden.)
- Acerrime pugnemus pro imperatore ab hostibus ignave interfecto! Lasst uns erbittert für unseren feige von den Feinden getöteten Feldherrn kämpfen! / für unseren Feldherrn kämpfen, der von den Feinden feige getötet worden ist / für unseren Feldherrn kämpfen, weil er feige von den Feinden getötet worden ist! (Beachte: Ein PPP ist immer vorzeitig zum übergeordneten Verb.)
- Hostes castra nostra aggressuros pepulimus. Wir haben die Feinde, die unser Lager angreifen wollten, vertrieben. / Als die Feinde unser Lager angreifen wollten, haben wir sie vertieben. (Beachte: Eine urus-Form wird in der Regel mit „wollen / die Absicht haben" übersetzt.)

  Ein Partizip mit Ergänzung kann in der Regel wörtlich, mit Relativsatz oder mit Subjunktionalsatz übersetzt werden (zur Möglichkeit der Beiordnung vgl. unten GR 8). Welche Variante die beste ist, hängt vom Kontext ab.

→ Als **Ablativus absolutus** (nur mit PPA und PPP möglich):

- Hieme ineunte Caesar Romam rediit. Als der Winter begann, / Am Beginn des Winters kehrte Caesar nach Rom zurück.
- Die conventus (Zusammenkunft) omnium principum constituta Caesar legatos dimisit. Nachdem ein Termin für die Zusammenkunft aller Stammesfürsten festgelegt (worden) war, / Nach der Festlegung eines Termins für die Zusammenkunft aller Stammesfürsten entließ Caesar die Gesandten. (Beachte: Ein Abl. abs. kann wie ein Participium coniunctum durch eine Ergänzung – hier: conventus omnium principum – zu Nomen und Partizip erweitert werden.)
- L. Calpurnio (et) A. Gabinio consulibus Caesar in Galliam profectus est. Im Konsulat des L. Calpurnius und A. Gabinus brach Caesar nach Gallien auf. (Beachte: Sonderfall eines Abl.abs., bei dem ein PPA von esse fehlt. Wörtlich: Als L. Calpurnius und A. Gabinus Konsuln waren ...)

  Ein Abl. abs. kann mit Subjunktionalsatz oder mit einer nominalen Wendung übersetzt werden.

→ Als **Prädikat** mit Verbindung **mit einer Form von esse** (nur mit PPP und PFA möglich):

- PPP + esse: Perfekt, Plusquamperfekt oder Futur II Passiv
  Beispiel: Eo die plurimi hostes victi et interfecti sunt. An diesem Tag sind sehr viele Feinde besiegt und getötet worden.
- PFA + esse: zu übersetzen mit „wollen / im Begriff sein / die Absicht haben" oder mit „werden" (Faustregel: Kommt diese Form im AcI oder in konjunktivischen Gliedsätzen mit futurischem Sinn vor, übersetzt man mit „werden", in allen anderen Fällen zumeist mit „wollen, / im Begriff sein / die Absicht haben".)
  Beispiele: Romam profecturi eramus, sed nuntius calamitatis nos retinuit. Wir wollten gerade nach Rom aufbrechen, aber die Nachricht vom Unglück hielt uns zurück. – Spero amicos mox venturos esse. Ich hoffe, dass die Freunde bald kommen (werden).

ZUSAMMENFASSUNG:

Nach dem Bestimmen von Prädikat und Subjekt sollte man stets nach etwaigen Partizipien suchen, diese aufgrund ihrer Endung zuordnen und die Art des Vorkommens erschließen:

- Steht das Partizip im Nominativ und ist eine Form von esse dabei (oder ist eine solche sinngemäß zu ergänzen), ist das Partizip Teil des Prädikats, von dem aus das Subjekt zu erschließen ist.
  Beispiel: Uxor regis capta est: capta > feminin Singular > also muss das Subjekt auch feminin Singular sein > Die Frau des Königs wurde gefangen genommen.
- Steht keine Form von esse dabei, liegt ein Participium coniunctum (verbunden mit einem Nomen) vor; dazwischen kann eine Ergänzung eingeschoben sein. Die Endung verdeutlicht, in welchem Kasus der gesamte Ausdruck steht.
  Beispiel: Caesar regi capto aeternam amicitiam promittenti veniam dedit. Caesar verzieh dem gefangenen König, als / weil er ewige Freundschaft versprach. (Hinweis: In diesem Satz kommen zwei Partizipen vor, nämlich capto [adjektivisch übersetzt] und promittenti [mit Subjunktionalsatz übersetzt]; beide stehen im Dativ Singular und beziehen sich somit auf das im Dativ stehende Substantiv regi.)
- Steht das PPA oder PPP im Ablativ, ist die Wahrscheinlichkeit sehr hoch, dass ein Ablativus absolutus vorliegt.
  Beispiel: Duce hostium a militibus nostris capto Galli statim effugerunt. Nachdem der Anführer der Feinde von unseren Soldaten gefangen genommen worden war, ergriffen die Gallier sofort die Flucht.
- Bei einer geschlossenen Wortstellung Folgendes beachten: Eine solche niemals auseinanderreißen, d. h. Nomen + Ergänzung + Partizip (das sich nach KNG auf das Nomen bezieht) bilden eine Einheit, die als solche übersetzt werden muss.
  Beispiel: Miles canem puellas aggredientem necavit. Der Soldat tötete den Hund, der / weil er die Mädchen angriff.
  Hinweise: Beim Übersetzen nicht gleich vom Prädikat „töten" aus ein Akkusativ-Objekt (wen oder was?) suchen (das könnte theoretisch puellas sein), sondern nach dem Bestimmen von Prädikat und Subjekt **als Drittes nach dem Partizip suchen** und dieses zuordnen! Damit ergibt sich, dass aggredientem auf canem zu beziehen ist und puellas innerhalb der geschlossenen Wortstellung steht, somit also canem puellas aggredientem nicht auseinandergerissen werden darf.

1. Textbezug (Ausgangstext S. 31-32):

a) 2,1: Orgetorix – M. Messalla et M. Pupio Pisone consulibus (Abl. Abs. ohne PPA von esse) – regni cupiditate adductus (PC auf Orgetorix bezogen) coniurationem nobilitatis fecit. Unter dem Konsulat des M. Messalla und M. Pupius Piso zettelte Orgetorix, getrieben vom Wunsch nach Königsherrschaft, eine Verschwörung unter dem Adel an. (Hinweis: Die Parenthese macht deutlich, dass sich diese Zeitangabe auf den Inhalt des gesamten Satzes bezieht.)

b) 3,6: Orgetorix dixit perfacile factu esse illis conata (substantiviertes Partizip als Objekt) perficere, propterea quod ipse suae civitatis imperium obtenturus esset (prädikatives Partizip). Orgetorix sagte, für jene sei es sehr leicht (zu tun), das Versuchte in die Tat umzusetzen, deswegen weil er selbst die Herrschaft über seinen Stamm erringen werde.

2. Übersetze und bestimme dabei alle Partizip-Formen bzgl. ihrer Verwendung:

DER AUSZUG DER HELVETIER UND DIE REAKTION CAESARS

a) Helvetii ubi se ad patriam relinquendam paratos esse arbitrati sunt, oppida sua omnia et vicos et privata aedificia incendunt; frumentum omne, praeter id, quod secum portaturi erant, comburunt (comburere verbrennen), ut – spe domum reditionis (reditio Rückkehr) sublata – paratiores essent ad omnia pericula subeunda. (vgl. **T2**, 5,2 f., Lesebuch S. 27)

b) His omnibus rebus perfectis Helvetii Caesare nesciente in regionem Gallorum profecti sunt.

c) Sed cum – omnibus fortunis (fortunae Besitz) sociorum Romanorum consumptis – Helvetii etiam in regionem Santonum (Santonen; Stamm im Westen Galliens) pervenire studerent, Caesar exspectandum non esse statuit.

Caesar

Ausgangstext: Caesar, Gall. 1,16 (Lesebuch S. 43)

16 1 Interim cotidie Caesar Haeduos frumentum, quod essent publice polliciti, flagitare. 2 Nam propter frigora – quod Gallia sub septentrionibus, ut ante dictum est, posita est – non modo frumenta in agris matura non erant, sed ne pabuli quidem satis magna copia suppetebat; 3 eo autem frumento, quod flumine Arari navibus subvexerat, propterea uti minus poterat, quod iter ab Arari Helvetii averterant, a quibus discedere nolebat. 4 Diem ex die ducere Haedui: conferri, comportari, adesse dicere. 5 Ubi se diutius duci intellexit et diem instare, quo die frumentum militibus metiri oporteret, convocatis eorum principibus, (quorum magnam copiam in castris habebat, in his Diviciaco et Lisco, qui summo magistratui praeerat, quem *vergobretum* appellant Haedui, qui creatur annuus et vitae necisque in suos habet potestatem,) 6 graviter eos accusat, quod, cum neque emi neque ex agris sumi possit, tam necessario tempore, tam propinquis hostibus ab iis non sublevetur, praesertim cum magna ex parte eorum precibus adductus bellum susceperit; multo etiam gravius, quod sit destitutus, queritur.

1 **cotīdiē** täglich *pollicitī <sunt>* **flāgitāre** *m. Akk.* fordern von

2 **frīgora, um** *n* Kälte **septentriōnēs, um** der Große Bär ~ Norden **pābulum** Nahrung **suppetere** vorhanden sein

3 **Arar, aris** der Arar **subvehere** *(Perf.* subvēxī*)* hinaufbringen **eō ... frūmentō:** *zu* ūtī gehörig

4 **diem ex diē dūcere** einen Tag um den anderen hinhalten **comportāre** zusammentragen

5 **diūtius** länger **metīrī** zuteilen **vergobretus:** *oberster Beamter bei den Häduern* **creāre** wählen **annuus** für ein Jahr

6 **necessārium tempus** bedrängte Lage **sublevāre** unterstützen **magnā ex parte** großenteils, vorwiegend

5–6 *Ubi sē diūtius ... suscēperit: Übersetze zuerst ohne die eingeklammerte Passage.*

dēstituere *(PPP* dēstitūtum*)* im Stich lassen

GR 7 Das Relativpronomen und die Subjunktion „quod"

Die Übersetzung des Relativpronomens macht manchmal, obwohl die Verwendung grundsätzlich ähnlich ist wie im Deutschen, Schwierigkeiten, vor allem wenn ein Relativsatz nicht mit dem Nominativ oder Akkusativ des Pronomens eingeleitet ist. Zudem besteht im Nom. und Akk. Sg. Neutrum immer die Verwechslungsmöglichkeit mit der Subjunktion „quod". Ein Relativpronomen am Satzbeginn ist in der Regel (aber nicht immer) ein relativer Satzanschluss.

Beispiele für Relativsätze:

- viri, qui ibi exspectant ... die Männer, die dort warten ...
- viri, quorum numerus multos terret ... die Männer, deren Zahl viele in Schrecken versetzt ...
- viri, quibus gratia est agenda ... die Männer, denen gedankt werden muss ...
- viri, quos Caesar salutabat ... die Männer, die Caesar begrüßte ...
- viri, a quibus auxilium petemus ... die Männer, von denen wir Hilfe erbitten werden ...
- viri, quibuscum loquebamur ... die Männer, mit denen wir sprachen ...

Besonderheit bei einigen Relativsätzen in Caesar-Texten:

Caesar **diem** constituit, qua **die** omnes convenirent. Caesar setzte einen Termin fest, an dem alle zusammenkommen sollten.

(Hinweis: Caesar wiederholt manchmal hinter dem Relativpronomen das Bezugswort, das bereits im übergeordneten Satz steht. Im Deutschen lassen wir es im Relativsatz weg.)

Beispiele für die Verwendung von „quod":

- In hieme maxima frigora, **quod** Gallia sub septentrionibus (im Norden) posita est, homines vexant. **Weil** Gallien im Norden liegt, quält im Winter sehr heftige Kälte die Menschen.
- Socii frumentum, **quod** Caesar exigerat, afferebant. Die Verbündeten brachten das Getreide, **das** Caesar gefordert hatte, herbei.
- Veneris templum, **quod** illi deae gratias agere velim, visitare debeo. Den Tempel der Venus muss ich besuchen, **weil** ich jener Göttin danken möchte. (Hinweis: Eine Verwechslungsgefahr ist dann besonders gegeben, wenn die Subjunktion „quod" auf ein Substantiv im Neutrum Singular folgt. Dass es nicht heißt „ein Tempel, der", ist nur durch exakte grammatische Analyse (zu gratias agere velim passt kein Akkusativ-Objekt) oder aus dem Kontext zu erschließen.
- **Quod** dixisti, credere non possum. **Was** du gesagt hast, kann ich nicht glauben. (Hinweis: Das quod am Satzanfang ist durch ein ausgefallenes id zu erklären [id, quod das, was], das wie im Deutschen wegfallen kann. Ein Relativpronomen am Satzanfang muss also nicht zwingend relativer Satzanschluss sein.)
- Gaudeo, **quod** venistis. Ich freue mich, **dass** ihr gekommen seid. (Hinweis: Die Übersetzung mit „dass" ist dann notwendig, wenn quod einen Subjekts- oder Objektssatz einleitet.)

Beispiele für relativen Satzanschluss:

- Dixisti te affuisse; **quod** credere non possum. Du hast gesagt, du seiest da gewesen; **das** kann ich nicht glauben.
- Caesar omnes principes convocavit. Qui cum in castra convenerunt, Caesar eos admonuit, ut amicitiam populo Romano promisissent diuturnam. Caesar rief alle Stammeshäuptlinge zusammen. Sobald **diese** im Lager eingetroffen waren, erinnerte Caesar sie daran, dass sie dem römischen Volk dauerhafte Freundschaft versprochen hatten. (Hinweis: Ein relativer Satzanschluss kann auch im Gliedsatz vorkommen; die Subjunktion rückt dann hinter das Relativpronomen an zweite Stelle.)

1. Textbezug:
Im Ausgangstext (S. 37, Abschnitt 16,1-6) kommen Formen des Relativpronomens bzw. die Subjunktion „quod“ insgesamt dreizehnmal vor. Übersetze den Text und bestimme jeweils genau, ob das Relativpronomen oder die Subjunktion vorliegt. (Ggf. könnte es sinnvoll sein, zuvor **GR 8** durchzuarbeiten.)

GR 8 Methoden der Satzanalyse

Längere Sätze sind manchmal sehr schwer zu durchschauen und zu übersetzen. Unter **GR 1** haben wir schon den grundsätzlichen Weg zum Erschließen eines lateinischen Satzes geklärt, den man immer einschlagen sollte, um zu einer präzisen Übersetzung zu gelangen. Im Folgenden werden drei Methoden aufgezeigt, die vor allem bei langen Sätzen helfen können, die Syntax zu durchschauen und somit gut ins Deutsche zu übertragen.

a) Einrückmethode
Man sucht zuerst die Nebensätze heraus (siehe dazu **GR 1**) und findet somit indirekt den Hauptsatz. Dann schreibt man den Satz nach dem Einrückverfahren auf, d.h. den Hauptsatz linksbündig, Nebensätze je nach Grad um eine Stufe nach rechts versetzt. Dabei sollte man Nebensatz-Einleitungen (siehe **GR 1**) ebenso unterstreichen wie die jeweiligen Prädikate, denn ein Teilsatz ist nur dann vollständig, wenn ein Prädikat vorhanden ist. Zudem sollte man besondere Konstruktionen (AcI, PC, Abl.abs.) durch besondere Unterstreichung hervorheben. Ist die Analyse vollständig, ist das Übersetzen in der Regel deutlich einfacher.

Beispiel: Ausgangstext S. 37 (16,5f. ohne Klammerausdruck)

NS1 Ubi se diutius duci intellexit et diem instare (AcI),
NS2 quo die frumentum militibus metiri oporteret,
HS convocatis eorum principibus (Abl.abs.) graviter eos accusat,
NS1 quod,
NS2 cum neque emi neque ex agris sumi possit,
NS1 tam necessario tempore, tam propinquis hostibus ab iis non sublevetur,
NS2 praesertim cum magna ex parte eorum precibus adductus (PC) bellum susceperit.

Anmerkungen:
- Beginnt ein Gesamtsatz mit einem Nebensatz, ist dies immer ein NS1.
- Jeder NS, der direkt vom HS abhängt, ist ein NS1; nur von diesem abhängige Nebensätze werden weitergezählt.

b) Kästchenmethode
Bei dieser Methode werden die Haupt- und Nebensätze in ihrer Abfolge durch Tiefersetzen und Höhersetzen verdeutlicht. Da bei vollständiger Schreibung ein viel zu langes Gebilde entstünde, werden nur die wesentlichen Teilsatz-Bestandteile (siehe Unterstreichungen oben) notiert, was aber auch Zeit spart.

conv... princ. (Abl.abs.) ...accusat,
Ubi ...intellexit, | quod ... | non sublevetur,
quo die ... oporteret, | cum ...possit, | pr.cum magna...adduct (p.c.) susc.

Anmerkung:
- Bei dieser Schreibung wird gut deutlich, dass der mit quod eingeleitete NS als Prädikat non sublevetur hat.

c) Stammbaum-Methode

Bei diesem Verfahren wird das Hauptaugenmerk auf alle Verbformen (finite Verbformen, Infinitive, Partizipien) gerichtet, weil durch die Verben die eigentlichen Handlungen zum Ausdruck gebracht werden. Auch die sog. satzwertigen Konstruktionen (AcI, PC, Abl. abs.) können so gut sichtbar gemacht werden. Da die lateinische Sprache zudem alle Verbformen gleichsam „chronologisch exakt" anordnet, ergibt sich ein klares Handlungsgerüst, das gut für bestimmte Übersetzungsmethoden (z. B. die Beiordnung) genutzt werden kann.

Ubi **intellexit**

se diutius **duci** et

diem **instare**

quo die frumentum metiri **oporteret**

convocatis ... principibus (Abl. abs.)

graviter eos **accusat**

quod ... non **sublevetur**

cum **neque emi neque sumi possit**

praesertim cum ...

eorum precibus **adductus** (PC)

... bellum **susceperit**.

Übersetzungsmöglichkeiten:

1. Wörtliche Übersetzung:
   Sobald er erkannte, dass er (immer) länger hingehalten wurde und der Tag bevorstand, an dem den Soldaten Getreide zugeteilt werden müsse, klagte er nach dem Zusammenrufen der Stammeshäuptlinge diese heftig an, dass er, da Getreide weder gekauft noch von den Äckern geholt werden könne, in so bedrängter Lage und angesichts gefährlich naher Feinde von diesen nicht unterstützt werde, zumal da er, vorwiegend durch ihre Bitten veranlasst, den Krieg unternommen habe.

2. Übersetzung mit Beiordnungen:
   Bald erkannte er aber, dass er (immer) länger hingehalten werde und der Tag bevorstand, an dem den Soldaten Getreide zugeteilt werden müsse. Deshalb rief er die Stammeshäuptlinge zusammen und erhob ihnen gegenüber heftige Anklage: Zu einer Zeit, da Getreide weder gekauft noch von den Äckern geholt werden könne, werde er in so bedrängter Lage und angesichts so gefährlich naher Feinde von ihnen nicht unterstützt. Schließlich habe er ja vorwiegend auf ihre Bitten hin den Krieg unternommen.

(Anmerkung: Diese Übersetzungsart hat den Vorteil, dass der deutsche Satz überschaubar wird. Bei der Übersetzung ist aber darauf zu achten, dass die einzelnen Teilsätze durch sinnvolle Bindewörter und -ausdrücke miteinander verbunden werden.

1. Analysiere den Satz 16,3 (S. 37) nach allen drei Analysemethoden und übersetze ihn zuerst wörtlich, dann mit Beiordnungen. Verwende dazu ein eigenes Blatt.

2. Analysiere den folgenden Satz nach allen drei Analysemethoden und übersetze ihn zuerst wörtlich, dann mit Beiordnungen. Verwende dazu ein eigenes Blatt.
Itaque Caesar, priusquam quicquam conaretur, Diviciacum ad se vocari iubet et cotidianis interpretibus (übliche Dolmetscher) dimissis per C. Valerium Troucillum, principem Galliae provinciae, familiarem suum, cui summam omnium rerum fidem habebat, cum eo colloquitur (colloqui sich unterhalten).

GR 9 Indirekte Rede (Oratio obliqua)

Die indirekte Rede ist eine Darstellungsweise, die bei Caesar und in philosophischen Werken nicht selten zur Anwendung kommt, wenn der Autor Äußerungen oder Meinungen von Personen wiedergeben möchte.

Die Regeln für das Lateinische lauten:
- Hauptsätze und rhetorische Fragen stehen im AcI (weil die indirekte Rede tatsächlich oder zumindest sinngemäß durch ein Verbum dicendi – z. B. dixit – eingeleitet wird, auf das ein AcI folgt).
- Aufforderungs- und Befehlssätze sowie alle Nebensätze stehen im Konjunktiv (weil Nebensätze, die von einem AcI abhängen, im Konjunktiv stehen).

Die Regeln für das Deutsche lauten:
- Alle Prädikate stehen im Konjunktiv 1.
- Sollte eine zu bildende Form klingen wie die entsprechende Indikativ-Form, muss auf den Konjunktiv 2 ausgewichen werden. Dabei kann die sog. starke oder schwache Form gewählt werden (Beispiel: „sie kämen" oder „sie würden kommen"). (Merke: Im Deutschen können bei richtiger Umformung lateinischer Oratio-obliqua-Sätze niemals die Formen „würde" (Singular!), „wäre" und „wären" vorkommen!)

Beispiele: Caesar dixit:
- Ducem hostium fortissimum esse. Der Anführer der Feinde sei sehr tapfer.
- Hostes periculissimos esse. Die Feinde seien sehr gefährlich.
- Se scire velle, quando Labienus legatus venisset / veniret / venturum esset. Er wolle wissen, wann der Legat Labienus gekommen sei / komme / kommen werde.
- Se scire velle, quando auxilia venissent / venirent / ventura essent. Er wolle wissen, wann die Hilfstruppen gekommen seien / kämen / kommen würden.
- Sibi persuasum esse milites acriter pugnavisse / pugnare / pugnaturos esse. Er sei überzeugt, dass seine Soldaten energisch gekämpft hätten / kämpften / kämpfen würden.
- Quem enim fortius pugnare quam militem Romanum?* Wer nämlich kämpfe tapferer als ein römischer Soldat?
- Sed nemo hostes iratos (zornig) contemneret!** Aber niemand solle zornige Feinde unterschätzen!
- Milites boni verba ducis semper respicerent!** Gute Soldaten sollten stets die Worte des Feldherrn beachten!

* Es liegt eine rhetorische Frage vor, daher AcI im lateinischen Satz.
** In Befehlssätzen (Verneinung mit ne) steht im Lateinischen Konjunktiv, im Deutschen wird der Konjunktiv mit dem Modalverb „sollen" zum Ausdruck gebracht.

Regel zur Verwendung des Reflexivpronomens in der Oratio obliqua:
Das Reflexivpronomen se (für alle drei Geschlechter im Sg. und Pl. gleich!) und das Possessivpronomen suus,a,um beziehen sich immer auf das Subjekt des übergeordneten Satzes. Bei der deutschen Übersetzung muss man beachten, welches Geschlecht und welchen Numerus das Subjekt hat.

- Amicus dixit: Se nunc laborare. Der Freund sagte: Er arbeite jetzt.
- Amica dixit: Se nunc laborare. Die Freundin sagte: Sie arbeite jetzt.
- Liberi dixerunt: Se nunc laborare. Die Kinder sagten: Sie arbeiteten jetzt.
- Amicus dixit: Hanc tabulam esse suam. Der Freund sagte: Dies sei seine Tafel.
- Liberi dixerunt: Hanc tabulam esse suam. Die Kinder sagten: Dies sei ihre Tafel.

Übersicht über die lateinischen und deutschen Tempora in der indirekten Rede (bei einer Redeeinführung in einem Vergangenheitstempus):

Zeitverhältnis	AcI (Lateinischer HS oder rhetorische Frage)	LateinischerBefehlssatz oder Gliedsatz	Deutscher Satz
Gleichzeitigkeit	Infinitiv Präsens	Konj. Imperfekt	Konjunktiv 1 (Konj. Präsens) (Ausnahme: Konj. 2, Präteritum)*
Vorzeitigkeit	Infinitiv Perfekt	Konj. Plusquamperfekt	Konjunktiv 1 (Konj. Perfekt) (Ausnahme: Konj. 2, Plusquamperfekt)*
Nachzeitigkeit	Infinitiv Futur	-urus,a,um esset bzw. -uri,ae,a essent	Konj. 1, d. h. Konj. Futur (werde / würden*)

* Die Ausnahme-Regelung tritt ein, wenn die zu bildende deutsche Konjunktiv-Form identisch ist mit der entsprechenden Indikativ-Form. Dies ist meist in der 3. Person Plural der Fall.

1. Textbezug:
Übersetze unter Beachtung der obigen Regeln den Textabschnitt **T6** (17,1-6, Lesebuch S. 44).

2. Übersetze unter Beachtung der Regeln zur indirekten Rede:
DIVICOS REDE VOR CAESAR

a) Divico, dux Helvetiorum, ita cum Caesare egit:

b) Si pacem populus Romanus cum Helvetiis faceret, Helvetios in eam regionem ituros et ibi futuros, ubi Caesar eos esse voluisset. (Hinweis: Verbform im ubi-Satz im Deutschen so übersetzen, als ob im Lateinischen Konj. Imperfekt stünde!)

c) Sin Caesar populum Helvetiorum bello persequi perseveraret, reminisceretur et veteris cladis populi Romani et pristinae virtutis Helvetiorum!

d) Se a maioribus suis didicisse, ut semper summa cum virtute contenderent.

e) Itaque Caesar ne committeret (committere so weit kommen lassen), ut is locus, ubi essent, ex calamitate populi Romani memoriam proderet (memoriam prodere in die Geschichte eingehen)!

Liebe und Spott – Catull, Ovid, Martial

Ausgangstext: Ovid, Ars 3,133 ff. m. Ausl. (Lesebuch S. 88)

Ovid gibt Tipps für eine typgerechte Frisur:

[...] Non sint sine lege capilli! [...]
Nec genus ornatus unum est: Quod quamque decebit,
eligat et speculum consulat ante suum!
Alterius crines umero iactentur utroque!
Talis es adsumpta, Phoebe canore, lyra.
Altera succinctae religetur more Dianae,
ut solet, attonitas cum petit illa feras! [...]
Adicit ornatus proxima quaeque dies.
Et neglecta decet multas coma. [...]

1 **lēx** *hier:* Ordnung
2 **ōrnātus, ūs** *hier:* Frisur
‹id genus›, quod quamque ‹fēminam›
3 **ēligere** ~ dēligere **speculum** Spiegel
5 **adsumptā lyrā** wenn du die Leier zur Hand genommen hast **canōrus** singend
6 **altera** ~ crīnis alterius **succincta Diana** Diana mit dem kurzen Kleid **religāre** zurückbinden
7 *ut ‹illa› solet*
attonitus verschreckt **petere** *hier:* jagen
9 **neglectus** (vernach)lässig(t)

GR 10 Konjunktive im Hauptsatz

Wenn **im Hauptsatz** das Prädikat im Konjunktiv steht, ist damit eine bestimmte Aussageweise zum Ausdruck gebracht. Im Folgenden sind die wichtigsten Funktionen des Konjunktivs im Hauptsatz zusammengestellt und knapp erläutert:

Konjunktiv Präsens:

- **Wünsche und Aufforderungen:** Incipiamus laborare! Wir wollen/lasst uns anfangen zu arbeiten! (gerichtet an 1. Person Pl.: Hortativ) Amici in horto exspectent! Servi cenam parent! Die Freunde mögen im Garten warten! Die Sklaven sollen die Mahlzeit vorbereiten! (gerichtet an die 2. oder 3. Person: Optativ bzw. Jussiv, dt. Übersetzung mit „mögen" oder „sollen", je nach Kontext). Der Optativ steht im Konjunktiv Präsens auch als **Erfüllbarer Wunsch der Gegenwart***, meist eingeleitet durch „utinam" oder „velim": Utinam omnes amici veniant! Hoffentlich kommen alle Freunde!
- **Potentialis der Gegenwart:** Qui haec dicat, erret. Wer dies sagt, dürfte wohl irren. (Der Konjunktiv im Gliedsatz ist als Modus-Angleichung zu erklären, d. h. wenn der übergeordnete Satz im Konjunktiv steht, wird dieser Modus – in der Regel – auch im untergeordneten Satz verwendet.)
- **Deliberativ der Gegenwart**, eingeleitet durch ein Fragewort, meist in der 1. Person Sg. oder Pl.: Quid faciam? Was soll ich tun?

Konjunktiv Imperfekt:

- **Irrealis der Gegenwart** (kann auch im Gliedsatz vorkommen): Te visitarem, si mihi otium esset. Ich würde dich besuchen, wenn ich Zeit hätte.
- **Unerfüllbarer Wunsch der Gegenwart***, eingeleitet zumeist durch „utinam" oder „vellem": Utinam omnes amici venirent! Wenn doch alle Freunde kommen würden / kämen!

Konjunktiv Perfekt:

- **Prohibitiv, d. h. verneinter Imperativ**, eingeleitet durch ne, danach Konj. Perfekt in der 2. Person Sg. oder Pl.: Ne hoc feceris! Ne hoc feceritis! Mach das nicht! Macht das nicht!
- **Erfüllbarer Wunsch der Vergangenheit***, eingeleitet durch „utinam" oder „velim": Utinam ne hostes vicerint! Hoffentlich haben die Feinde nicht gesiegt!

Konjunktiv Plusquamperfekt:

- **Irrealis der Vergangenheit** (kann auch im Gliedsatz vorkommen): Te visitavissem, si mihi otium fuisset. Ich hätte dich besucht, wenn ich Zeit gehabt hätte.
- **Unerfüllbarer Wunsch der Vergangenheit***, eingeleitet durch „utinam“ oder „vellem“: Utinam omnes amici venissent! Wenn doch alle Freunde gekommen wären!

***Überblick über die Wunschsätze:**

- **Erfüllbare Wünsche** werden meist durch „utinam / velim“ oder (verneint) durch „utinam ne“ eingeleitet und stehen im Präsens oder Perfekt. Im Deutschen wird übersetzt mit „hoffentlich“ oder „bitte“ und Indikativ.
- **Unerfüllbare Wünsche** werden eingeleitet durch „utinam / vellem“ oder (verneint) durch „utinam ne“ und stehen im Imperfekt oder Plusquamperfekt (wie der Irrealis, denn es wird ja etwas Nicht-Wirkliches zum Ausdruck gebracht). Im Deutschen wird übersetzt mit „wenn doch“ und demselben Konjunktiv wie im Lateinischen.

1. Textbezug:
Übersetze die folgenden Sätze bzw. Satzteile aus den Verstexten des Kapitels "Liebe und Spott". Bestimme dazu jeweils die Bedeutung des Konjunktivs exakt.

a) T1, Catull, c.5, Z. 1-3 (Lesebuch, S. 69)

Vivamus, mea Lesbia, atque amemus,
rumoresque senum severiorum
omnes unius aestimemus assis!

b) T3, Catull, c. 83, Z. 3f. (Lesebuch, S. 76)

Si ... taceret, sana esset.

c) T5, Catull, c. 8, Z. 1f. (Lesebuch, S. 77)

Miser Catulle, desinas ineptire (albern sein),
et quod vides perisse, perditum ducas!

d) Ausgangstext: Ovid, Ars 3,133 ff. m. Ausl. (Lesebuch S. 43)

Non sint sine lege (Ordnung) capilli!
... Quod quamque decebit,
eligat et speculum (Spiegel) consulat ante (= antea) suum!
Alterius crines umero iacentur utroque!
...
Altera succinctae religatur more Dianae,
ut solet, attonitas cum petit illa feras!

GR 11 Satzbau in lateinischen Verstexten

Ausgangstext: Mart. 1,19 (Lesebuch S. 100)

Si memini, fuerant tibi quattuor, Aelia, dentes:
    Expulit una duos tussis et una duos.
Iam secura potes totis tussire diebus:
    Nil istic, quod agat, tertia tussis habet.

[1] **dēns, dentis** *m* Zahn
[2] **tussis, is** *f* Husten
[3] **sēcūrus** sorglos, unbekümmert **tussīre** husten
[4] **agat:** *Potentialis*

> Im Lateinischen gibt es im Unterschied zu den meisten modernen Fremdsprachen so gut wie keine festen Satzbauregeln. Da die Funktion der Wörter im Satz an den Endungen zu erkennen ist, ist der Lateiner im Satzbau grundsätzlich völlig frei. Er stellt freilich die Wörter nicht willkürlich, sondern so, wie es der Sinn oder – vereinzelt in Verstexten – der Rhythmus erfordern.
> Bei der Übersetzung muss daher ganz exakt auf die Endungen geachtet werden, damit die richtigen Zusammenhänge erkannt werden.

Am Ausgangstext soll vorgeführt werden, wie eine schrittweise Satz- und Texterschließung aussehen kann:

- **Zeile 1:** Die (moderne) Zeichensetzung macht klar, dass es sich um einen vollständigen Satz handelt (si-Satz: NS; Rest: HS). Im HS zunächst das Grundgerüst (Prädikat und Subjekt) übersetzen, dann den Rest sinnvoll ergänzen: Es waren Zähne gewesen, dazu passt tibi, Aelia > Es waren dir, Aelia, Zähne gewesen > besser: du, Aelia, hattest Zähne gehabt. Das verbleibende Zahlwort „quattuor/vier" passt sinngemäß zu „Zähne". Also: Wenn ich mich erinnere, hattest du, Aelia, vier Zähne gehabt.
- **Zeile 2:** Wieder ein vollständiger Satz! Prädikat und Subjekt übersetzen: Husten stieß hinaus. Zu tussis (feminin) passt das Zahlwort una > EIN Husten stieß hinaus. Man fragt weiter: Wen oder was? > Akkusativ duos. Zu diesem Zahlwort fehlt in dieser Zeile ein passendes Substantiv, also in der Vorzeile ein passendes Bezugswort suchen > dentes. Dahinter wird der Satz mit et weitergeführt, dann folgen die identischen Zahlwörter, also in gleicher Weise ergänzen wie im ersten Teil des Satzes! Ergebnis: EIN Husten stieß zwei Zähne hinaus und EIN (weiterer Husten) zwei (weitere Zähne).

- **Zeile 3:** Ein Hauptsatz (da nicht durch Kommata unterbrochen)! Prädikat suchen > potes ... tussire (Modalverb posse steht in der Regel nicht allein und zieht den Infinitiv eines Vollverbs nach sich) > du kannst husten. Übrig: iam secura ... totis ... diebus > was kann aufgrund der Endungen zusammengehören? > totis diebus (Stilmittel Hyperbaton in Verstexten sehr häufig!) > an allen Tagen. Übrig: secura > Endung -a > durch metrische Analyse wird klar, dass das „a" kurz ist, also könnte es Nom. Sg. feminin oder Nom. / Akk. Pl neutrum sein > überlegen, was Sinn macht > Nom. Sg. f > als Unbekümmerte / Sorglose, besser unbekümmert / sorglos. Ergebnis: Schon kannst du sorglos an allen Tagen husten.
- **Zeile 4:** Die Kommata machen klar, dass in einen Hauptsatz ein ganz kurzer NS eingeschoben ist. Also systematisch vorgehen: erst HS, dann NS! Prädikat und Subjekt im HS: tertia tussis habet / ein dritter Husten hat > wen oder was? > Akkusativ-Objekt > nil / nichts > übrig: istic / dort, bei dir. GS: quod agat > quod = Relativpronomen im Nom. / Akk. Sg. neutrum, zu beziehen auf nil / nichts. Konjunktiv-Form agat > überlegen, welcher konjunktivische Nebensinn eines Relativsatzes passen könnte > konsekutiver Nebensinn > was er (der Husten) tun könnte. Ergebnis: Bei dir hat ein dritter Husten nichts (mehr), was er tun könnte.

Gehe bei der Erschließung anderer Verstexte ebenso systematisch vor.

1. Analysiere, wie oben aufgezeigt, den folgenden Zweizeiler und übersetze ihn.

Martial 4,24

Omnes, quas habuit, Fabiane, Lycoris amicas
extulit. Uxori fiat amica meae!

Anmerkungen: Fabianus: männl. Name; Lycoris: weibl. Name; efferre: zu Grabe tragen

Die trunkene Alte. 2. Jh. v. Chr. München. Glyptothek.

3. Teil: Texterschließung und Interpretation

Grundlagen der Texterschließung

A Der Text als wichtigste Sinneinheit

Der Text, nicht der einzelne Satz, ist die wichtigste Bezugsgröße des Lateinunterrichts, denn das Verständnis eines Textes ist wichtiger als das Verständnis der Einzelsätze, die zusammen den Text bilden.
Ein Text (lat. textum – „das Gewobene“) ist ein sprachliches Gewebe, in dem alles mit allem in Verbindung steht. Erst durch diese „Vernetzung“ werden Einzelphänomene eindeutig und verständlich. Mehrdeutige Verben wie z. B. petere („aufsuchen“, „erstreben“, „bitten“, „verlangen“, aber auch „angreifen“) erhalten erst durch den Kontext die zusätzlichen Bestimmungen, die notwendig sind, um zu erkennen, welche Bedeutung an einer konkreten Stelle vorliegt. Ob ein Verb wie z. B. ardere („brennen“) wörtlich oder metaphorisch gemeint ist („vor Leidenschaft brennen“), ist nur aus dem Kontext heraus zu klären. Denn wie ein Satz nicht aus zusammenhanglosen Einzelwörtern bestehen kann, so weist auch jeder Text, wenn er sinnvoll und verständlich sein soll, eine satzübergreifende („transphrastische“) Struktur auf. Analog zur Syntax, die die Struktur eines Einzelsatzes untersucht und beschreibt, untersucht die **Textgrammatik** die Struktur eines Textes.
Textgrammatische Elemente, die über Satzgrenzen hinaus dem Text eine Struktur geben, sind vor allem:

- **Schlüsselwörter**
Häufig fallen schon beim ersten Lesen eines Textes Begriffe auf, die mehrfach auftauchen; an solchen „Schlüsselwörtern“ kann man oft das Thema des Textes ablesen.
- **dominierende Wort- und Sachfelder**
Oft häufen sich innerhalb eines Textes Wörter, die sinnverwandt sind. Unter einem Wortfeld versteht man sinnverwandte Wörter der gleichen Wortart, unter einem Sachfeld sinnverwandte Wörter verschiedener Wortarten. Wort- und Sachfelder geben ebenfalls Hinweise auf die Thematik eines Textes.
- **Handlungsträger und Handlungen**
Texte sind häufig gegliedert durch den Wechsel der handelnden Personen. Wenn man zu den handelnden Personen (Handlungsträger) auch die Prädikate (Handlungen) und weitere notwendige Bestimmungen hinzunimmt, kann man meist den groben Handlungsverlauf erschließen. Eigennamen zeigen oft an, wessen Handlungen beschrieben werden.
- **Konnektoren**
Konnektoren (Satzverbindungen) stellen den Zusammenhang des Textes her. Zu ihnen gehören Konjunktionen (et, sed, neque usw.), Subjunktionen (cum, ut, ne, quia, quamquam usw.) und Adverbien (primo, tum, cras, hodie). Konnektoren liefern keine Hinweise auf den Inhalt, machen aber die Struktur des Textes deutlich, weil sie eine Handlung zeitlich gliedern, Folgen darstellen, Begründungen anführen oder Gegensätze herausarbeiten.
- **Tempusprofil**
Da die lateinischen Tempora bestimmte Funktionen haben, lassen sich aus dem Wechsel des Tempus bzw. der Abfolge der Tempora („Tempusprofil“) oft Informationen über den Inhalt gewinnen: Imperfekt und Plusquamperfekt sind „statische“ Tempora, in denen oft Hintergrundinformationen (z. B. Vorgeschichte, Landschaftsbeschreibung) gegeben werden, die eigentliche Handlung wird im Perfekt erzählt. Das Präsens drückt entweder zeitlos gültige Erkenntnisse und beliebig oft wiederholbare Vorgänge aus, oder es wird in der direkten Rede verwendet. Zudem wird in Augenblicken größter Spannung oft das sog. historische Präsens benutzt, um Vergangenes wie gegenwärtig Erlebtes darzustellen.

Kontrollfragen:

1. Stellen Sie kurz dar, welche Konsequenzen es für die Übersetzung hat, wenn Sie einen lateinischen Text satzübergreifend, nicht satzweise erschließen.
2. Nennen Sie die Vor- und Nachteile, die dieses Verfahren aus Ihrer Sicht bietet.
3. Nennen Sie die textgrammatischen Merkmale, die Ihnen besonders hilfreich erscheinen, um einen Text schon vor der Übersetzung zu strukturieren oder um Informationen über seinen Inhalt zu erhalten („Vorerschließung“).

B Unterschiedliche Stufen von Textverständnis

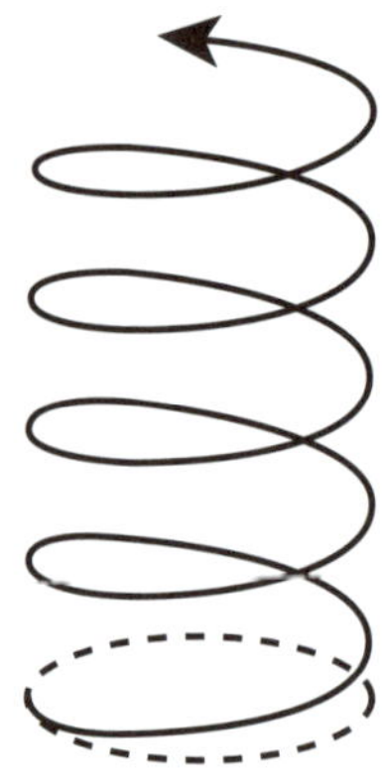

Man kann die Strukturelemente eines Textes nutzen, um auch schon vor der Übersetzung ein grobes Verständnis des Textes zu gewinnen. Diese „satzübergreifende Vorerschließung“ liefert natürlich noch keine Übersetzung, sie ermöglicht jedoch, an Hand von Auffälligkeiten ein erstes Vorverständnis des Textes zu gewinnen. Sie schafft also eine Vorerwartung, die die spätere Übersetzung erleichtert. Wer vor der Übersetzung schon weiß, was der nächste Satz vermutlich enthält, versteht diesen sehr viel schneller und besser, als wenn er vom Inhalt völlig überrascht wird.
Grundsätzlich setzt das Verstehen eines Textes immer die aktive Mitarbeit des Lesers voraus. Die Bedeutung des Gelesenen wird erst beim Lesen im Kopf des Lesers erschlossen. Das Verständnis eines Textes entsteht nicht schlagartig, von einer Sekunde auf die andere und nicht schon beim ersten Zugriff auf den Text, sondern es vollzieht sich langsam, allmählich und in „Spiralform“ (vgl. Abb.): Beim ersten Lesen eines komplexen (und erst recht eines fremdsprachlichen lateinischen) Textes versteht man diesen nur unvollkommen und oberflächlich; liest man ihn jedoch mit dem erworbenen Vorwissen noch einmal, so hat sich das Textverständnis meist schon verbessert. Mit jedem Durchgang durch den Text „steigt“ das Verständnis weiter an.
Theoretisch ist der Verstehensprozess niemals zu Ende, da sich unendlich viele Durchgänge denken lassen. Bei jedem weiteren Durchgang kann sich das Verständnis des Textes noch einmal verbessern.
Das Verstehen eines Textes läuft grundsätzlich in immer gleichen Teilschritten ab, unabhängig davon, in welcher Sprache ein Text verfasst ist (Mutter- oder Fremdsprache) und zu welcher Textgattung er gehört. Diese Schritte sind:

1. Textaufnahme (erstes Lesen),
2. Vorerschließung (Klärung von Einzelheiten, Überblick über den Text, grobe Zusammenfassung des Inhalts),
3. Textverstehen (Formulierung eines vorläufigen Textverständnisses),
4. Detailanalyse (z. B. Analyse der sprachlich-stilistischen Mittel, Interpretation einzelner Aspekte),
5. Rekonstruieren der kommunikativen Situation (Einordnung in den historischen Kontext, Intention des Sprechers / Autors),
6. Deutung des Textes (Zusammenfassung aller Teilergebnisse).

So betrachtet läuft das Verständnis eines muttersprachlichen deutschen Textes grundsätzlich nicht anders ab als das eines englischen, französischen oder auch lateinischen Textes, nur dass bei einem muttersprachlichen Text die ersten Durchgänge durch die „Verstehensspirale“ sehr viel schneller verlaufen oder mitunter sogar komplett wegfallen können. Ist der muttersprachliche Text allerdings ein hochpoetischer Dichtertext oder ein sehr abstrakter und komplexer Sachtext, so versteht der Leser bei der ersten Begegnung mit dem Text ihn oftmals auch nicht besser als einen fremdsprachlichen Text. Die Arbeit mit lateinischen Texten ist ein Sonderfall. Hier gilt es, anders als im Deutsch- oder Englischunterricht, auch eine Übersetzung des Textes zu erstellen. Die Übersetzung ist immer nur eine Zwischenstufe, nicht die höchste Stufe des Textverständnisses. Sie entspricht der Stufe (3), auf der ein vorläufiges Textverständnis formuliert wird. Allerdings ist die Übersetzung im Lateinunterricht sehr viel wichtiger als in anderen Fremdsprachen (in Klassenarbeiten hat sie einen höheren Stellenwert als die darauf aufbauende Interpretation), und sie ist zudem oftmals schwieriger als in den modernen Fremdsprachen.

C Übersetzungsmethoden

Für die Übersetzung lateinischer Sätze gibt es eine Reihe von Übersetzungsmethoden. Die wichtigsten werden kurz vorgestellt.
Alle Methoden setzen voraus, dass man durch Analyse der Verbal- und der Nominalendungen (z.B. „KNG-Kongruenzen“) die einzelnen Wortblöcke (Subjektgruppe, Objektgruppen, Partizipialkonstruktionen, Prädikat usw.) abgrenzt. Insbesondere in der Dichtung ist dies wegen der freieren Wortstellung oftmals problematisch.

1 „Konstruieren“

Diese Methode ermittelt durch **Wortfragen** (die sogenannten „W-Fragen“, z. B. „Wer?“, Wen?“, „Wem?“, „Wann?“, „Wie?“ usw.) und durch **Analyse der Endungen** den **Satzkern** (Prädikat, Subjekt, Objekt bzw. Objekte des Hauptsatzes) und bestimmt dann, ausgehend von diesem Satzkern, die restlichen Wörter und **baut sie zusammen**.

Diese Methode ist bei jedem Satz anwendbar. Bei grammatisch schwierigen und komplexen Sätzen ist sie oft die einzige Methode, die geeignet ist, um ein Textverständnis herzustellen. Gerade in der Dichtung ist sie unverzichtbar. Zwar sind andere Methoden unter Umständen besser geeignet, um ein erstes, grobes Textverständnis zu erzielen (satzübergreifende Vorerschließung, „Block für Block übersetzen"), doch ein genaues Übersetzen ist meistens nur durch Konstruieren möglich.
So bietet z. B. der unten abgedruckte Satz einige Schwierigkeiten (unübersichtliche Wortstellung, doppeldeutige Endungen), die seine Übersetzung erschweren. Auch das Abtrennen der Wortblöcke ist nicht ohne weiteres möglich, da wegen der freieren dichterischen Wortstellung zusammengehörige Substantive und Adjektive nicht immer nebeneinander stehen.

Beispiel: Ovid Ars 1, 79ff. (= Lesebuch S. 92):

Et fora conveniunt – quis credere possit – amori,
flammaque in arguto saepe reperta foro.

Die Analyse (auch die metrische) der Endungen ergibt folgende Kongruenzen (zusammengehörige Wörter haben gleich markierte Endungen):

Et fora conveniunt – quis credere possit – amori,
flammăque in arguto saepe repertă foro.

Nun beginnt man mit der Übersetzung des Prädikats, denn das Prädikat ist einerseits das am leichtesten zu erkennende Satzglied, andererseits hängt von der Bedeutung des Prädikats ab, welche Satzergänzungen (Akkusativ- und/oder Dativobjekte) überhaupt möglich und zu erwarten sind (Valenz des Verbs).
Dies sieht man sehr gut im ersten Vers. Problematisch ist hier vor allem die Bedeutung des mehrdeutigen conveniunt („zusammenkommen", „sich treffen", „zusammenpassen mit", „vereinbaren"). Hat man aber erkannt, dass der Dativ amori zu conveniunt gehört, so ist sofort klar, dass convenire hier „zusammenpassen mit" heißen muss: „Auch die Foren passen – wer könnte das glauben – mit der Liebe zusammen."
Im zweiten Vers muss man anders vorgehen: Das Prädikat ist eindeutig: reperta (est); das zugehörige Subjekt muss also Femininum sein und im Singular stehen – flamma. Dann werden – ausgehend von dem bereits Erschlossenen – die anderen Wörter Schritt für Schritt eingebaut.

Satzteil	lateinisches Wort	Übersetzung	Weitere Fragen
Prädikat	reperta (est)	„sie ist gefunden worden"	Wer ist gefunden worden?
Subjekt	flamma	„die Flamme"	Wo ist sie gefunden worden? (das Signalwort in lässt eine Ortsangabe erwarten)
Adverbiale (Präpositionalausdruck)	in arguto ... foro	„auf dem belebten Forum"	

Man erhält folgende Übersetzung: „Auch die Foren – wer könnte das glauben – passen mit der Liebe zusammen, und die Flamme (der Liebe) ist schon oft auf dem belebten Forum gefunden worden."

2 „Pendeln"

Die Pendelmethode nutzt aus, dass die freie Wortstellung im Deutschen eine weitgehende Nachahmung der lateinischen Wortstellung ermöglicht. Zunächst wird der Text in Wortblöcke eingeteilt. Im ersten Schritt wird der nur erste Wortblock oder das erste Wort übersetzt. Im zweiten Schritt **pendelt** man zum Prädikat des lateinischen Satzes, das meistens am Ende steht, und fügt es an der zweiten Stelle des deutschen Hauptsatzes ein. Im dritten Schritt werden die fehlenden Wörter bzw. Wortblöcke übersetzt, möglichst in der Reihenfolge des lateinischen Textes. In deutschen Nebensätzen kann die lateinische Wortstellung meist unverändert beibehalten werden, man muss nur Teile des Prädikats („er", „er hat" usw.) nach vorne ziehen. In der folgenden deutschen Übersetzung sind alle Wörter fett gedruckt, die im Vergleich zum lateinischen Original verschoben wurden. Dies sind insgesamt nur drei Wörter.

Beispiel: Nepos, Hannibal 1,3 (= Lesebuch S. 7, Z. 9-12):

Hic | autem | velut hereditate relictum odium paternum erga Romanos | sic | conservavit,

ut | prius | animam | quam id deposuerit,

qui quidem,

cum | patria pulsus esset | et alienarum opum | indigeret,

numquam destiterit | animo | bellare | cum Romanis.

„Er **bewahrte** aber den wie durch eine Erbschaft übernommenen väterlichen Hass auf die Römer so,
dass **er** eher sein Leben als diesen aufgegeben hätte,
da er ja,
obwohl **er** aus seiner Heimat vertrieben worden war und fremder Hilfe bedurfte,
niemals aufhörte, im Geiste Krieg zu führen mit den Römern.

3 „Block für Block übersetzen"

Bei langen Sätzen besteht das erste Problem meist darin, einen Überblick über den Satz zu erhalten; hier ist das **schrittweise Entschlüsseln der Wortblöcke** am Text entlang am besten geeignet. Man versucht dabei, alle Wortblöcke in der Reihenfolge des Textes zu entschlüsseln, indem man die Verbalinformationen (Prädikate, Partizipien) und Konnektoren eines Textes jeweils **blockweise** schreibt. Die Verbalinformationen geben die Handlung und die Konnektoren die logische und syntaktische Struktur eines Satzes wieder. Um den Textablauf überblicken zu können, wird der Aufbau des Satzes veranschaulicht. Dazu werden:

- Verbalinformationen untereinander geschrieben,
- alle Konnektoren und alle Handlungsträger markiert,
- schon erkannte satzwertige Konstruktionen markiert (z. B. < AcI >, ⊨ Partizipialkonstruktionen ⫤).

Wie dies in der Praxis aussehen kann, soll an einem sehr anspruchsvollen Textabschnitt demonstriert werden, der eine Menge an „Höchstschwierigkeiten" enthält. Wollte man versuchen, diese Sätze zu konstruieren (was angesichts der Komplexität des Textes durchaus sinnvoll wäre), würde ein Schüler vermutlich an der Unübersichtlichkeit der Satzstruktur und den zahlreichen satzwertigen Konstruktionen scheitern, aber auch daran, dass das Subjekt (die Helvetier) in der ganzen Passage nicht einmal genannt ist. Das „Block für Block übersetzen" bietet jedoch die Möglichkeit, einen ersten Eindruck vom Inhalt zu gewinnen, ohne die grammatische Struktur schon zu durchschauen. Für den ersten Einstieg ist der Inhalt meist sehr viel wichtiger.

Beispiel: Caesar, Bellum Gallicum 1,6,3-4 (= Lesebuch S. 28):

Extremum oppidum Allobrogum | est | proximumque Helvetiorum finibus | Genava.

Ex eo oppido | pons ad Helvetios pertinet.

< Allobrogibus sese vel persuasuros (esse) >,

quod nondum < bono animo in populum Romanum (esse) > viderentur,

existimabant

< vel vi coacturos (esse) >,

ut < per suos fines eos ire >

paterentur.

⊨ Omnibus rebus ad profectionem comparatis ⫤ (Abl. Abs.)

diem dicunt,

qua die ad ripam Rhodani omnes conveniant.

Danach werden die Informationen „abgegriffen", d. h. sie werden ungeachtet ihrer grammatischen Konstruktion in der Reihenfolge des Textes möglichst wörtlich ins Deutsche übertragen, um den groben Ablauf und inhaltlichen Zusammenhang des Textes zu klären.

> „Die äußerste Stadt der Allobroger und die dem Gebiet der Helvetier nächste ist Genf.
> Von dieser Stadt führt eine Brücke zu den Helvetiern.
> sie würden den Allobrogern schmackhaft machen / würden die Allobroger überreden
> weil sie noch nicht wohlgesonnen dem römischen Volk gegenüber schienen
> sie glaubten (das / es)
> oder sie würden sie mit Gewalt zwingen
> dass sie durch ihr Gebiet gehen
> sie ließen (dies) zu
> Alle Dinge waren zum Aufbruch vorbereitet
> sie setzen einen Termin fest
> an diesem Termin sollten alle am Rhôneufer zusammenkommen."

Erst jetzt erfolgt, unter Beachtung von Haupt- und Nebensätzen, eine Übersetzung. Vorab ist bei der Erschließung dieses extrem komplexen Textabschnitts zu klären, 1) wer das grammatische Subjekt dieses Satzes ist (die Helvetier, die nicht einmal wörtlich genannt werden und die sich nur in einigen Pronomina und Verbendungen verstecken), und 2) welche Pronomina sich auf die Helvetier beziehen (alle reflexiven Pronomina) und welche auf die Allobroger (alle nicht reflexiven Pronomina).

Übersetzung: „Die äußerste Stadt der Allobroger und (damit) die dem Gebiet der Helvetier nächste ist Genf. Von dieser Stadt führt eine Brücke zu den Helvetiern. Den Allobrogern würden sie (= die Helvetier) schmackhaft machen, weil die Allobroger dem römischen Volk noch nicht wohlgesonnen schienen, so glaubten sie (= die Helvetier), oder sie (= die Helvetier) würden sie (= die Allobroger) mit Gewalt dazu zwingen, dass sie sie durch ihr Gebiet marschieren ließen. Nachdem alle Dinge zum Aufbruch vorbereitet waren, setzen sie (= die Helvetier) einen Termin fest, zu dem am Rhôneufer alle zusammenkommen sollten."

Blick auf das heutige Genf

Kontrollfragen:

1. Stellen Sie kurz die drei skizzierten Übersetzungsmethoden vor. Nennen Sie aus Ihrer Sicht die jeweiligen Vor- und Nachteile.
2. Stellen Sie ausgehend von Ihrer Charakterisierung der drei Methoden dar, welche Charakteristika ein Text aufweisen sollte, der zu den einzelnen Methoden am besten passt.

Nepos

Ausgangstext: Nepos, Hann. 1 (Lesebuch S. 7)

Hannibal, Hamilcaris filius, Carthaginiensis. Si verum est – quod nemo dubitat –, ut populus Romanus omnes gentes virtute superarit, non est infitiandum Hannibalem tanto praestitisse ceteros imperatores prudentia, quanto populus Romanus antecedat fortitudine cunctas nationes. Nam quotienscumque cum eo congressus est in Italia, semper discessit superior. Quod nisi domi civium suorum invidia debilitatus esset, Romanos – ut videtur – superare potuisset. Sed multorum obtrectatio devicit unius virtutem.

Hic autem velut hereditate relictum odium paternum erga Romanos sic conservavit, ut prius animam quam id deposuerit, qui quidem, cum patria pulsus esset et alienarum opum indigeret, numquam destiterit animo bellare cum Romanis.

1 **Hamilcar, caris** *(→ EV)* **Carthāginiēnsis** aus Karthago **vērum est:** *hier: m.* ut-*Satz*

3 **īnfitiārī** leugnen **praestāre** *hier: m. Akk.*

4 **antecēdere** übertreffen

5 **quotiēnscumque** sooft

6 **superior** *hier:* als Sieger **quod nisi** wenn also nicht

8 **obtrectātiō** Anfeindung

9 **paternus:** *zu* pater

10 **id** ~ odium

11 **quī:** *bezogen auf* hic

13 **bellāre:** *zu* bellum

Schritte der Texterschließung/Interpretation

1. Textaufnahme

a) Stilles Lesen des Textes

b) Klären der unbekannten Vokabeln:
Arbeite die im *ad-lineam*-Kommentar angegebenen Vokabeln in den Text ein. Schlage ggf. weitere unbekannte Vokabeln im Wörterbuch nach.

2. Vorerschließung

a) Erläuterung der Sprechsituation:
Formuliere, ausgehend von der Einleitung (S. 6) und **I2**, Vermutungen über den Inhalt des Textes. Überlege vor allem, wie positiv die Darstellung Hannibals durch Nepos ausfallen wird.

b) Markieren von auffälligen Textmerkmalen
Niveau I:
- Nenne aus **T1** alle Begriffe, die zu dem Sachfeld „Militär" / „Krieg" gehören, und fasse dein Ergebnis kurz zusammen.
- Untersuche, welche weiteren Wort- und Sachfelder oder Schlüsselbegriffe sich in **T1** finden lassen.
- Arbeite heraus, welche Facetten von Hannibals Persönlichkeit bzw. Charakter in **T1** angesprochen werden.

Niveau II:
- Versetze dich in die Lage des römischen Biographen Nepos und formuliere seine wohl größte Schwierigkeit beim Verfassen der Biographie des Karthagers Hannibal.
- Weise nach, dass sich die zentrale Schwierigkeit des Nepos in seiner Würdigung Hannibals erkennen lässt; achte dabei vor allem auf die Handlungsträger (Subjekte), auf die verwendeten Konnektoren und Modi.

Zusätzliche Hilfen findest du – nach Niveaustufen differenziert – im Lösungsheft S. 14.

c) Formulierung eines ersten Textverständnisses / grobe Gliederung des Textes:
Markiere die Sinnabschnitte, die du schon erkannt hast. Gib diesen Abschnitten eine Überschrift. Begründe deine Beobachtungen am Text.

3. Textverstehen / Übersetzung
Für den relativ anspruchsvollen Text benötigt man eine sichere Kenntnis der Übersetzungsmethoden. Am besten eignet sich für die Übersetzung eine Kombination aus allen drei Methoden: „Konstruieren“, „Block für Block übersetzen“ und „Pendeln“.

4. Detailanalyse
Analysiere den Satz Z. 1-5 (si verum est ... cunctas nationes) im Hinblick auf die Satzstruktur, die Verwendung sprachlich-stilistischer Mittel und den Gedankengang und zeige, dass Nepos seinem „Helden“ hier ein sehr „vergiftetes Lob“ ausspricht.

Caesar

Ausgangstext: Caesar, Gall. 1,6 (Lesebuch S. 28)

Die Konkretisierung der helvetischen Auswanderungspläne

6 1 Erant omnino itinera duo, quibus itineribus domo exire possent: unum per Sequanos, angustum et difficile, inter montem Iuram et flumen Rhodanum, vix qua singuli carri ducerentur, mons autem altissimus impendebat, ut facile perpauci prohibere possent; 2 alterum per provinciam nostram, multo facilius atque expeditius, propterea quod inter fines Helvetiorum et Allobrogum, qui nuper pacati erant, Rhodanus fluit isque nonnullis locis vado transitur. 3 Extremum oppidum Allobrogum est proximumque Helvetiorum finibus Genava. Ex eo oppido pons ad Helvetios pertinet. Allobrogibus sese vel persuasuros, quod nondum bono animo in populum Romanum viderentur, existimabant vel vi coacturos, ut per suos fines eos ire paterentur. 4 Omnibus rebus ad profectionem comparatis diem dicunt, qua die ad ripam Rhodani omnes conveniant. Is dies erat a. d. V. Kal. Apr. L. Pisone, A. Gabinio consulibus.

1 *itinera, quibus itineribus: Das Bezugswort* (itinera) *wird im Relativsatz noch einmal aufgegriffen* **impendēre** hineinragen **perpaucī:** *vgl.* per-facilis → *Kap. 2, § 2* (T2)

2 **expedītus** bequem **nūper:** *121 v. Chr. waren die Allobroger von röm. Streitkräften unterworfen und in die Provinz* Gallia Nārbōnēnsis *eingegliedert worden. Einen Aufstand im Jahr 61 hatte der Provinzstatthalter niedergeschlagen.* **pācāre** unterwerfen **vadum** Furt

3 **Genava** Genf **bonō animō** <esse> **in aliquem** jdm. freundlich gesinnt sein

4 **diem dīcere** einen Termin festsetzen **a. d. V Kal. Apr.** (~ ante diem quīntum Kalendās Aprīlēs) am fünften Tag vor den Kalenden des April *(d. h. am 28. März)* **L. Pīsō, ōnis / A. Gabīnius** *(→ EV)*

Schritte der Texterschließung / Interpretation

1. Textaufnahme
a) Stilles Lesen des Textes
b) Klären der unbekannten Vokabeln:
Arbeite die im *ad-lineam*-Kommentar angegebenen Vokabeln in den Text ein. Schlage weitere unbekannte Vokabeln im Wörterbuch nach.

2. Vorerschließung
a) Erläuterung der Sprechsituation:
Fasse möglichst kurz die Gründe und Ziele der helvetischen „Auswanderungspläne“ zusammen (**T2**, Kapitel 2 und 3). Benutze dazu auch die abgebildete Karte.

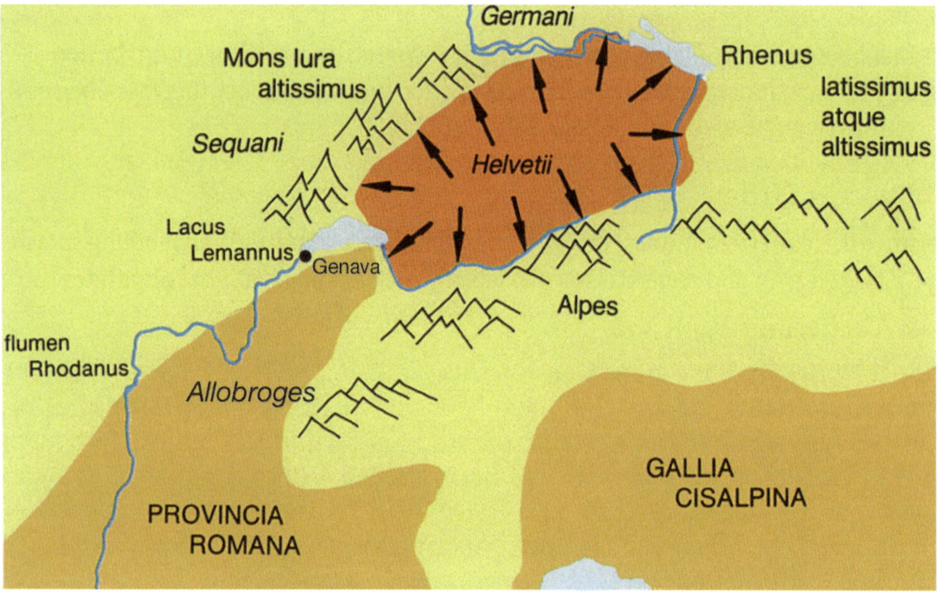

b) Markieren von auffälligen Textmerkmalen

Niveau I:

Stelle ausgehend von Aufgabe 1 (Lesebuch S. 28) die beiden in den Z. 1-7 („transitur") beschriebenen Wege in einer Tabelle gegenüber. Achte dabei vor allem auf Konnektoren, die den Text strukturieren, und auf Schlüsselwörter.

Niveau II:

Untersuche, wie Cäsar durch eine Art von „Heran-Zoomen" Spannung erzeugt und die Aufmerksamkeit des Lesers Schritt für Schritt auf die entscheidende Stelle lenkt.

Zusätzliche Hilfen findest du – nach Niveaustufen differenziert – im Lösungsheft S. 17.

3. Formulierung eines vorläufigen Textverständnisses / Übersetzung

Der Inhalt des Textes lässt sich in groben Zügen gut vorerschließen (achte dazu besonders auf Konnektoren, Wort- und Sachfelder sowie auf mehrfach wiederholte Schlüsselwörter); für die Übersetzung eignet sich – wie meist bei Cäsar – die Pendelmethode am besten; der verschachtelte Satz Allobrogibus ... paterentur (Z. 9-12) sollte „konstruiert" werden.

4. Detailanalyse

Zeige, wie Cäsar in der Beschreibung der beiden Wege (Z. 1-7) den Leser manipuliert und wie er dadurch den weiteren Gang der Ereignisse vorzeichnet.

Catull

Ausgangstext: Catull, c. 5 (Lesebuch S. 69)

Vivamus, mea Lesbia, atque amemus,
rumoresque senum severiorum
omnes unius aestimemus assis.
Soles occidere et redire possunt.
Nobis, cum semel occidit brevis lux,
nox est perpetua una dormienda.
Da mi basia mille, deinde centum,
dein mille altera, dein secunda centum,
deinde usque altera mille, deinde centum.
Dein, cum milia multa fecerimus,
conturbabimus illa, ne sciamus,
aut ne quis malus invidere possit,
cum tantum sciat esse basiorum.

[2] **rūmor, ōris** *m* Gerücht **sevērus** streng

[3] **as, assis** Kupfermünze, Cent
ūnīus assis: Gen. des Wertes

[5] **semel** einmal

[6] **dormīre** schlafen

[7] **mī** ~ mihi

[11] **conturbāre** in Verwirrung bringen, eine Rechnung fälschen

[12] **invidēre** neidisch sein

[13] *bāsiōrum: Gen. partitivus zu* tantum

Schritte der Texterschließung / Interpretation

1. Textaufnahme:

a) Stilles Lesen des Textes

b) Klären der unbekannten Vokabeln:
Arbeite die im *ad-lineam*-Kommentar angegebenen Vokabeln in den Text ein. Schlage weitere unbekannte Vokabeln im Wörterbuch nach.

2. Vorerschließung

a) Erläuterung der Sprechsituation:

- Lies den Einleitungstext im Lesebuch auf S. 68 sorgfältig. Notiere stichwortartig die wichtigsten Informationen zu den Schlagwörtern „Catull", „Neoteriker" und „Lesbia".
- Äußert Vermutungen, wie ein Gedicht von Catull an Lesbia aussehen könnte.

b) Markieren von auffälligen Textmerkmalen
Niveau I:
Stelle die Schlüsselbegriffe des Gedichts zusammen, versuche, daraus eine grobe Gliederung des Textes abzuleiten und äußere Vermutungen zum Inhalt.
Niveau II:
Gliedere das Gedicht detailliert und gib den Abschnitten eine Überschrift. Achte dabei vor allem auf folgende Merkmale: Verbformen (Modus, Tempus, Person), Wort- und Sachfelder.
Zusätzliche Hilfen findest du – nach Niveaustufen differenziert – im Lösungsheft S. 20.

3. Formulierung eines vorläufigen Textverständnisses / Übersetzung
Für den Text eignet sich – wegen der freien „poetischen" Wortstellung – das Verfahren des Konstruierens.

4. Detailanalyse
Untersuche, was Catull mit **conturbabimus illa** (V. 11) meint und wie er dieses conturbare mit sprachlich-stilistischen Mittel in den V. 7-10 umsetzt.

Ulpian

Ausgangstext: Ulpian, Dig. 1,1, pr. -4; 10 (Lesebuch S. 122-123, Z. 1-14)

Was ist Recht?

Iuri operam daturum prius nosse oportet, unde nomen iuris descendat. Est autem a iustitia appellatum. Nam, ut eleganter Celsus definit: „Ius est ars boni et aequi." Cuius merito quis nos sacerdotes appellet. Iustitiam namque colimus et boni et aequi notitiam profitemur, aequum ab iniquo separantes, licitum ab illicito discernentes, bonos non solum metu poenarum, verum etiam praemiorum quoque exhortatione efficere cupientes, veram (nisi fallor) philosophiam, non simulatam affectantes.

Huius studii duae sunt positiones, publicum et privatum. Publicum ius est, quod ad statum rei Romanae spectat, privatum, quod ad singulorum utilitatem. Sunt enim quaedam publica utilia, quaedam privatim. Publicum ius in sacris, in sacerdotibus, in magistratibus consistit. Privatum ius tripertitum est: Collectum etenim est ex naturalibus praeceptis aut gentium aut civilibus.

[1] **operam dāre** *m. Dat.* etw. studieren *Oportet <hominem> iuri operam daturum prius no<vi>sse, unde*
[1/2] **dēscendere** *hier:* herrühren
[2] **iūstitia** Gerechtigkeit **ēlegāns, antis** geschickt, treffend **Celsus:** P. Iuventius Celsus *(→ EV)* **dēfinīre** definieren
[3] **cūius meritō** deshalb
[4] **nōtitia** Kenntnis **profitēri** öffentlich lehren
[5] **sēparāre** trennen **licitum** das Erlaubte **illicitum** das Unerlaubte **discernere** unterscheiden
[7] **exhortātiō, ōnis** Motivation, Ansporn **philosophia** Weisheit, Philosophie
[8] **simulātus** scheinbar **affectāre** erstreben
[9] **positiō, ōnis** *f* Aufgabenbereich
[10] **spectāre ad** sich beziehen auf **status, ūs** Zustand **rēs** <pūblica>
[11] **ūtilitās, ātis:** *Subst. zu* ūtilis, e
[12] **prīvātim:** *Adv. zu* prīvātus
[13] **cōnsistere** *hier:* gelten **tripertītus** dreigeteilt **colligī** *(Perf.* collectum*)* bestehen aus **etenim** nämlich
[14] **nātūrālis, e** natürlich **praeceptum** Vorschrift **cīvīlis, e** *hier:* zum Zivilrecht gehörend

Schritte der Texterschließung / Interpretation

1. Textaufnahme

a) Stilles Lesen des Textes

b) Klären der unbekannten Vokabeln:
Arbeite die im *ad-lineam*-Kommentar angegebenen Vokabeln in den Text ein. Schlage weitere unbekannte Vokabeln im Wörterbuch nach.

2. Vorerschließung

a) Erläuterung der Sprechsituation:
Stelle ausgehend von der Einleitung (Lesebuch S. 120/121) dar, welche Art von Text (inhaltlich und sprachlich) du erwartest.

b) Markieren von auffälligen Textmerkmalen
Niveau I:
Untersuche den Text auf Wort- und Sachfelder und auf mehrfach wiederholte Schlüsselwörter. Stelle dar, wie der Text dadurch gegliedert wird, und äußere Vermutungen zu seinem Inhalt.
Niveau II:
Analysiere die Argumentationsstruktur und stelle dar, wodurch der wissenschaftlich-präzise Eindruck des Textes entsteht. Zusätzliche Hilfen findest du – nach Niveaustufen differenziert – im Lösungsheft S. 22.

3. Formulierung eines vorläufigen Textverständnisses / Übersetzung
Für den Text eignet sich das „Pendeln" am besten; der schwierige erste Satz sollte „konstruiert" werden.

4. Detailanalyse
Stelle dar, mit welchen sprachlich-stilistischen Mitteln der „Hymnus auf das Recht" (Z. 3-9) ausgestaltet ist.